U0564882

社区冲突:

理论研究与案例分析

杨淑琴 著

上海三联书店

目　录

内容摘要

　　建设和谐社区是和谐社会建设的基础。但是，由于社会转型和社会剧烈变迁引发的各类矛盾冲突问题在中国社区中表现得非常直接、具体和敏感。社区，成为了社会变迁的缩影与社会冲突最集中的地方。

　　西方学术界早在 20 世纪初美国第一代社会学家库利开始就零星出现冲突论思想。到了 20 世纪 50 年代中期，一些社会学家开始潜心研究社会冲突现象，并从马克思、韦伯、齐美尔等古典社会学家的著作中寻求启发，运用古典理论中的社会冲突思想来分析社会不平等、权力和统治。中国关于社会冲突的研究最早始于毛泽东《关于正确处理人民内部矛盾的问题》这篇著作。

　　社区冲突是社会冲突的重要组成部分和体现。美国学者科尔曼和桑德斯是最早研究社区冲突的西方学者。改革开放以来，中国的制度化结构发生了持续变化和快速转型，城市化速度突飞猛进，不仅导致了城市社区冲突层出不穷的现象，而且引发了很多农村社区和城中村社区中形形色色的冲突。

　　在中国城市社区冲突中，比例最高的是居民委员会、业主委员会与物业服务企业三者之间的冲突。在农村社区，出现频率最高的冲突是由征地、拆迁引发的冲突。冲突的起因很多，并逐渐呈现出复杂化的趋势，但是，总体来讲，还是以物质利益冲突为主。

　　社区稳定是社会稳定的基础所在。而积极的社区稳定调控又是整个社会范围内调控体系的重要组成部分,是实现社会稳定的基础所在。认识社区冲突,化解社区冲突才能最终保证社会的稳定和谐发展。

关键词:冲突理论,社会冲突,社区,社区冲突

Abstract

Harmony community construction is the base of harmony society construction. Because of the violent reformation in the society of China , social conflicts emerge in an endless stream and these conflicts show themselves in the city community especially.

In the academic circles of the West world, the first study on social conflicts was American sociologist Conley. After him, since 50's the 20th, more and more sociologists like Karl Marx , Marx. Web, began to focus on the theory of social conflicts. But in China , the first one who was interested in this area was Chairman Mao, who published his first work about social conflicts named "On how to deal with the conflicts within people" .

Community conflicts is the important part of social conflicts. American sociologists Kolman and Saunders were the first ones who began to study community conflicts. Since the policy of reform and opening up has been carried out in China, urbanization developed quickly and community conflicts rise a lot in modern China. As a core part of society, community became the epitome of the social movement and social conflicts. Householder' s Committee as the self-governing association, plays an important role in the course of community building. But for many reasons, there are lots of conflicts between the householder's committee and other self-governing associations. Most of the conflicts are caused by the benefit-conflicts. In order to solve the conflicts , we should pay attention to two levels, macroscopically microscopically. Most of the conflicts are caused by the benefit dispute.

Community Stability is the base of Social Stability. Ensure the Stability of community is to ensure the Stability of the whole society. In a word, to study and to reconcile the community conflicts is a key part to keep the whole society in a harmony state.

Keywords: theory of conflicts, social conflicts, community, community conflicts

绪　论

　　建设和谐社会是二十一世纪中国社会发展的目标。建设和谐社区是和谐社会建设的基础。随着社会主义市场经济体制的逐步完善,社区逐渐成为了城市工作和社会福利社会化的最好载体、基层民主政治发展的主要场所,以及探索社会管理模式的最佳试验场。社区对于中国社会与中国政治发展的重要意义正日益凸显出来,正如林尚立教授所说:

　　"社区发展给中国社会结构形式所带来的变化,不仅有深刻的社会意义,更有深刻的政治意义。因为,在中国社会,这些变化将对政治产生两方面的深刻影响:一是国家权力通过单位组织来控制经济、社会与意识形态的能力,将随着单位组织结构和功能的变化与式微而逐渐减弱,相应地,政治决定经济与社会的格局将逐渐被经济与社会发展决定政治的格局所取代;二是面对新的社会结构和社会组织方式,国家必须建立以社区为基本单位的新的社会调控、整合和沟通体系,并应努力把社区转化为国家政治建设和政治发展的积极资源,从而全面保持国家与社会的协调。"①

　　但是,我们也看到,"社会有两副面孔,一副是一致,一副是冲突。"②

---

① 林尚立.社区:中国政治建设的战略性空间.毛泽东邓小平理论研究[J].2002(02).
② [美]乔纳森·特纳.社会学理论的结构(上)[M].北京:华夏出版社,2001:173.

一致与冲突,是社会存在的两种基本动力。社区,作为社会的一个重要组成部分,几乎展示了所有可能在社会中发生的现象。由于社会剧烈变迁引发的各类矛盾冲突问题在城市社区中表现得更为直接、具体和敏感。社区成为了社会变迁的缩影与社会矛盾最集中的地方。正视和加强对这些社区矛盾冲突问题的研究,有助于及时发现和解决社会问题,促进城市社区建设和社区发展。

1 研究背景与方法

1.1 研究的背景

"所谓研究,简单地说就是一个认真地提出问题,并以系统的方法寻找问题答案的过程。"①确定研究问题是进行科学研究的起点。然而,什么样的问题值得研究? 究竟哪个问题最重要? 这需要研究问题的人从理论和实践中去发现、思考和总结。总体来说,选择的研究问题应该是真问题而不是伪问题,应该反映现实而不是脱离实际,应该来自实践而又高于实践。

1.1.1 社会主义国家的社会转型

社会转型,是一种由传统的社会发展模式向现代社会发展模式转变的历史图景。发生在 20 世纪最后 20 年的中国、前苏联和东欧的社会转型,为新的发展社会学理论提供了可能。

如果从比较历史的角度来看待社会主义国家的转型,必须将其置于一个基本的背景之中,这就是近代历史上现代性的形成与扩张。在现代化理论看来,西方现代化的过程就是从传统社会向现代社会转变的过程。而转型国家的社会转型过程却并非是从传统社会开

---

① 风笑天著. 社会学研究方法. 北京:中国人民大学出版社,2001,第 2 页.

始。现在已经有越来越多的学者意识到,社会主义运动是对现代性的一种独特反应,作为文明的一种形态,它用新的框架组合了诸多的现代性因素。

当然,社会主义对现代性的反应是独特的、扭曲的甚至是极端的。正因为如此,在几十年甚至上百年的时间里,它与资本主义作为对立的两极而存在。如果说西方发达国家和发展中国家的现代化与发展都是从市场经济与传统自然经济的基础上开始的话,社会主义国家则建立了一种独特的经济体制,即再分配体制。与之相伴随的,是对资源的高度垄断。

一个明显的事实是,社会主义几乎都是诞生在落后国家,社会主义国家也几乎无例外地承认这种落后性,并由此引发了种种的"赶超运动"。现代化理论中的趋同论在 20 世纪 70 年代就发现了社会主义国家与资本主义国家在"发展方向"上的趋同现象,并将其归因于科学技术发展的要求与必然后果。

目前,越来越多的学者开始关注对社会主义或前社会主义国家转型的研究。在西方学术界,甚至一些原本不是研究中国、前苏联和东欧的学者也在纷纷转向对这些国家市场和社会转型的研究。而一些刚刚涌现出来的成果,比如对非正式制度的研究、对社会不平等的研究,正在对原有的理论模式构成有力挑战。①

1.1.2　社会转型引发社会冲突

近年来,在我国由传统的农业社会向现代工业社会、由同质社会向异质社会、由伦理社会向法理社会、由计划经济向市场经济的转型过程中,社会结构发生了巨大的变化,其中以传统乡村社会向现代都市社会的转变最为显著,这一转变过程就是城市化的进程。中国的城市化与现代化、工业化、市场化共存于中国转型社会这一特殊的历史阶段,是现代化、工业化与市场化的必然要求。同时,转型社会这

---

① 参见孙立平. 社会转型:发展社会学的新议题. 社会学研究[J]. 2005(01).

一特殊的历史背景决定了中国城市化进程的复杂性与长期性。城市化进程中的利益失衡问题难以避免,由此带来的社会矛盾和冲突严重影响了经济的发展和社会的稳定。利益的分化与失衡代替普遍受益成为转型社会利益格局的主要特征,由此引发的社会矛盾成为各类维权抗争事件的焦点。

党的十六届四中全会明确提出要适应我国社会的深刻变化,把和谐社会建设摆在重要位置。和谐社会的基本要求应该是基本能够满足不同利益群体的需要,实现各种群体之间的利益均衡。为此,从建设和谐社会的角度出发,如何化解社会转型过程中的社区矛盾和冲突就成为当前社会各界关注的焦点问题之一。

从一定意义上说,转型过程是一个极为复杂的社会变迁过程。中国的社会变迁过程经历了从提出"四个现代化"口号、实施"经济体制改革"到社会的全面转型三个阶段。目前我国仍然处于由传统社会向现代社会、由计划经济体制向市场经济体制、由传统社会主义向中国特色社会主义的快速转型期。

根据《2008 年国民经济和社会发展统计公报》初步核算结果,2008 年有 12 个省市区人均 GDP 高于全国平均水平。3 个直辖市人均 GDP 超过 5 万元,其中上海 72536 元,北京 63029 元,天津 55473 元,依次列第 1 至 3 位。浙江、江苏、广东、山东、内蒙、辽宁 6 省市区人均 GDP 超过 3 万元,其中浙江 42214 元,江苏 39112 元,广东 37588 元,山东 33083 元,依次列第 4 至 7 位。除贵州人均 GDP 低于 10000 元以外,其余 21 省区人均 GDP 超过 10000 元。如果按美元折算,2008 年中国 31 个省市区人均 GDP 均超过 1000 美元。

从国际社会发展的一般经验来看,随着人均 GDP 进入 1000 -3000 美元时期,各国经济社会发展就进入了一个关键阶段,既是经济迅速发展的关键时期,又是不协调因素的活跃期和社会矛盾的多发期,进入社会结构深刻变动、社会矛盾最易激化的高风险期。这个时期是经济起飞国家发展的关键时期,也是利益格局剧烈变化、产业结构迅速转型、政治体制不断应对挑战的时期,这个时期不可避免地会带来一些新型的社会矛盾与冲突。

比如说，新加坡、韩国在 20 世纪 70 年代人均 GDP 达到 1000 美元后，面对公众民主意识快速增强的趋势和一些事件，政府采取一系列强化领导能力的措施，大力反腐倡廉，保证了社会秩序和政治环境的稳定。而一些拉美国家，一直没有能够解决好社会矛盾激化的问题，政局长期不稳，城乡差距和收入差距悬殊，收入差距基尼系数高达 0.6 左右，缺少促成社会稳定的庞大的中产阶级，既得利益集团的垄断地位使社会民主化和社会改革难以进行，导致社会腐败问题严重。[①]

在人均 GDP 达到 1000 美元以后，中国社会矛盾和冲突事件频频发生。近年发生的社会矛盾和冲突中，征地、拆迁、农民工工资拖欠、劳工权益等往往是主要起因。由于缺少应对社会冲突的有效措施，社会矛盾和社会冲突成为一种越来越敏感的现象，这种敏感性不完全来自事实本身，有相当一部分是由于我们缺少解决问题的有效措施造成的"棘手感"。[②]

近十年来，中国发生的群体性事件在迅速增加。1993 年全国共发生 8709 宗，此后一直保持快速上升趋势，1999 年总数超过 32000 宗，2003 年 60000 宗，2004 年 74000 宗，2005 年 87000 宗，上升了近十倍。如果要对这些事件进行分类的话，农民维权约占 35％，工人维权为 30％，市民维权是 15％，社会纠纷是 10％，社会骚乱为 5％，有组织犯罪等为 5％。2005 年发生的较大社会骚乱事件约占全年群体性事件的 5.1％。[③]

总体来讲，利益分化是目前导致中国社会冲突频发的主要原因和根本原因。中国在进入快速转型期后，收入差距没有按照应有的

---

① 李培林. 高度重视人均 GDP1000～3000 美元关键阶段的稳定发展. 学习与探索[J]. 2005(02).

② 庄庆鸿. 将利益表达与社会稳定一致起来. 中国青年报[N]. 2010—04—19.

③ 于建嵘. 中国的骚乱事件与管治危机. 999 论文网，http://www. paper999. com/paper_ 5yo75m/.

规律向缩小的方向发展,而是继续加速扩大。这既有中国劳动力无限供给趋势限制了初级劳动工资提升的特殊原因,也有现代财富积累速度大大加快和社会组织中间管理阶层出现新分化的新情况,还有转型所引起的腐败和非法致富对收入分配的影响。

1.2 研究方法与资料来源

1.2.1 研究方法

黄宗智认为,对于一个多元要素悖论式并存社会的研究与把握,需要着眼于混合体中的历史演变过程本身。中国的转型一词,应理解为一种持久的并存以及产生新颖现象的混合。① 本书在社会转型背景下定位社会冲突与社区冲突,在研究方法上尽量兼顾以下几个方面:

规范研究与实证研究相结合。本研究主要采用了规范研究与实证研究相结合的方法。

规范研究内容主要有:对冲突理论的梳理,尤其是对西方冲突理论的系统整理;对社区冲突理论尤其是桑德斯的社区冲突理论的梳理;以及对社区建设与社区发展相关理论的研究。

实证研究的内容主要包括:

(1)城市社区冲突调查。在上海市徐汇区、闵行区、杨浦区和宝山区进行实地调研并搜集相关资料。在研究对象的选择上,主要遵循两个原则:一是根据研究目的和社区矛盾冲突的不同类型选择不同类型的地区和社区;二是根据调查者的便利条件和可能性,具体地确定调查对象。研究中涉及到的这几个分析单位是有意识选择的,但绝不是随心所欲,任意取舍,而是紧紧围绕着调查目的和要求。

---

① 唐皇凤.社会转型与组织化调控:中国社会治安综合治理组织网格研究[M].武汉:武汉大学出版社,2008.

（2）农村社区冲突调查。包括对纯粹的农村社区和对城市化进程中形成的"城中村"中的冲突调查。

（3）本人在吉林大学期间参与的东北老工业基地（主要包括吉林省长春市和辽宁省抚顺市）下岗职工社区再就业现状调查研究的资料。

事实分析与价值分析相结合。事实与价值的两分是社会科学的基本准则，在社会科学研究中尽量剔除价值判断的影响，几乎成为行为主义之后社会科学界不言自明的真理。事实与价值的背道而驰已成为当今时代一种触目惊心的文化现象。后行为主义的社会科学日益重视将"是什么"的事实描述与"应该是什么"的价值判断融合起来。如何使中国的社区发展之路更符合转型中国的政治、经济、文化环境，真正化解社会转型与构件和谐社区秩序之间的紧张关系，需要重视价值分析的作用。但这种价值分析是以基本的事实分析为基础的。本书试图在解决"应然"与"实然"这一关系的时候，尽量避免渗入对二者加以分而论之的前见。因为，若只是流于简单的机械相加，不但于事无补，反而造成了一些无谓之争，这正是某些哲学问题"斩不断，理还乱"的思维根源之所在。[①]

1.2.2 资料来源

文献资料。主要包括各类馆藏资料，尤其是精读了上海图书馆的《中国社区建设年鉴（2003）》。其次是学者专家的著作与论文，尤其是关于冲突理论、社区建设、社区发展等相关著作与论文。

调研资料。调研资料主要有：

（1）访谈。多次、深度访谈了徐汇区徐家汇街道潘家宅居民委员会何女士、杨浦区五角场镇房地办某工作人员、杨浦区某教师公寓小区业主委员会主任田老师。

[①] 参见张登巧.事实与价值的"创造性"融合——怀特海宇宙论的整体性思维探讨.浙江社会科学[J].2009(06).

（2）案例研究

美国社会学家•米切尔提出，以"发现事实"为主要特征的经验研究，同以理论探讨为主要特征的思辨研究，共同构成了现代社会学的两大主要传统。而个案研究作为社会学经验研究的基本研究方法，在过去一百多年的时间里，经由社会学和人类学的共同推动，已经成为人文社会科学领域最重要的研究取向之一。它是一种从整体上处理问题的方法，也就是从事物的多个方面和整体情况，从各个层次间生动联系以及从历史发展状况把握问题；处理问题深入、全面、细致。

本研究的案例研究在研究对象的选择上强调个别性与典型性；在研究内容上强调深入性和细致性；在具体研究手段上具有多样性和综合性。本项研究之所以采用案例研究法是由于"社区冲突与社区建设"这一研究主题、研究内容及其关注点，与案例研究的逻辑和条件要求更符合。

首先，"社区冲突与社区建设"这一研究主题，关注的是当前城市社区中存在的问题是"怎么样"的以及"为什么"存在这样的问题，这一问题类型与案例研究法所要回答的问题类型相符合。

其二，"社区冲突与社区建设"还是一个比较宽泛的研究主题，涉及社区权利、社区住房、社区服务、社区经济、社区就业、社区保障、社区组织以及社区流动人口等前后联系的、复杂的多个变量而不是单一的证据材料。研究者不能控制或者很少能控制这些研究对象，通过选择个别的典型的案例材料进行具体深入研究，由点及面，可以揭示中国社区变迁中普遍存在的问题并得出具有普遍意义的结论。

其三，"社区冲突与社区建设"这一主题关注的不是过去发生的事，而是当前中国社区中正在发生的现实问题。受这样的一个研究情景的影响，选择案例研究方法对社区中的一个个具体的人、群体或组织等复杂的社会现象进行深入调查，收集丰富的感性材料，原汁原味地感受社区中存在的实际问题，可以比较好地达成研究目的。

其四，案例研究法是一种从小处着手，从个别和典型的事件出发，探索背后蕴藏的深层次规律的研究方法。这种研究方法具有选题小、简便、易操作的特点,对于时间、精力、经费和研究能力都有限的本人来说是切实可行的研究方法之一。

1.3　相关研究文献综述及本研究的创新

本研究将社区冲突置于社会冲突的宏观背景下进行考察。因此,对社会冲突理论的考察成为本项目研究的起点。

如果从学术传统来追究,19世纪中后期马克思、齐美尔和韦伯的著作代表了社会冲突理论的开端。在20世纪上半叶,帕森斯所强调的社会成员共同持有的价值取向对于维系社会整合、稳定社会秩序的作用的结构功能主义成为了社会理论的主流,但有关社会冲突的研究并没有停止。到了50年代,随着西方社会冲突现象的普遍增长,以达伦多夫为代表的社会学家通过对帕森斯功能主义所描述的"极度一致、整合和静态"的"乌托邦"式的社会形态的批判,以及科塞"通过强调冲突对社会系统的整合性与适应性功能来修正达伦多夫的分析"建构了现代社会冲突理论,并使之发展成为了"渗入到经验研究的各个方面:政治社会学、种族与民族关系、社会分层、集体行动等,所有这些方面及其他一些研究工作"的"最具影响力的理论"。

马克思关于阶级冲突与阶级斗争的学说,在学术界已被普遍公认为是社会冲突理论的渊源。正如达伦多夫所说,马克思的阶级冲突学说"是了解现代冲突的关键"。[①]

齐美尔把社会视为一个包含着协调和冲突、吸引和排斥、爱和恨的统一体。在社会交往的诸多形式中,"冲突"和"合作"是两种最为值得注意的形式。在一个复杂和分化的社会群体里,社会冲突与合作总是同时存在的,任何一个合作过程都同时伴随着与之相伴的冲突过程。以往的研究只看到社会中合作的一面,而对社会冲突则视而不见或有意回避,即使承认社会冲突的存在也只看到冲突的负面

---

① 〔英〕拉尔夫·达伦多夫. 现代社会冲突[M]. 北京:中国社会科学出版社,2000.

影响,这是不够准确的。社会冲突与社会合作是同一事物的两个方面。齐美尔认为,没有哪个社会组织是完全和谐的,"完全和谐"状态将会使社会组织缺少变化过程。冲突与合作都具有积极的社会功能,正是积极和消极二者构成群体关系。冲突与合作都具有社会功能,决不是说反功能必要,而是说一定程度的冲突是群体形成和群体生活持续的基本要素。①

韦伯是西方社会学中第一个比较全面地对社会组织结构和阶层结构做出分析的社会学家,他的社会冲突思想集中在他的《经济与社会》一书中。与马克思不同,韦伯认为冲突产生于具体经验的事实和具体历史情境。在韦伯看来,冲突关系的基础可以来自于很多不同的利益类型,包括社会的、物质的和政治的。韦伯强调:冲突的缘起与政治权威合法性的缺失有很大的关系。他认为,如果被统治者撤销了政治权威的合法性,他们更有可能寻求冲突。② 韦伯对现代社会组织结构的分析具有一定的合理因素。但是韦伯作为一个资产阶级思想家的阶级局限性因素,也造成了他对社会冲突理论解释的失误:他忽视了阶级的存在与对立是构成社会冲突的根本原因。把财富、权力、声誉并列为考察社会分层和社会冲突的基本尺度,并未揭示出社会冲突的根本原因,反而模糊了人们考察社会冲突的视线。

在马克思、齐美尔和韦伯之后,达伦多夫和科塞亦对社会冲突理论有新的贡献。

达伦多夫强调社会冲突的客观必然性及其与社会变迁的关系、整合与冲突、正反功能、共识与压制的辩证关系。这种对社会冲突的分析手法,对于正确认识社会矛盾和客观存在的社会冲突现象、解决不平衡问题、协调利益矛盾,提供了有价值的参考。

科塞则认为,冲突不仅是不可避免的,而且还是社会运行中的常态。科塞从齐美尔"社会冲突是一种基本的社会过程形式"的命题出

---

① [美]科塞. 社会冲突的功能[M]. 孙立平译. 北京:华夏出版社 1989:16.
② [美]乔纳森·特纳. 社会学理论的结构[M]. 北京:华夏出版社,2001:188.

发,广泛探讨了社会冲突对于群体的建立和维持的功能,明确指出在一些情况下,社会冲突具有促进社会整合,防止社会系统僵化,增强社会组织适应性等"正"功能。他说:"我们所关心的是社会冲突的正功能,而不是它的反功能,也就是说,关心的是社会冲突增强特定社会关系或群体的适应和调适能力的结果,而不是降低这种能力的结果。社会冲突决不仅仅是起'分裂作用'的消极因素;社会冲突可以在群体和其他人际关系中承担起一些决定性的功能。"①

国内关于社会冲突的研究,在改革开放之前,主要是毛泽东关于人民内部矛盾冲突的研究。

1957年2月毛泽东发表《关于正确处理人民内部矛盾的问题》的讲话,系统阐述了社会主义社会矛盾理论的内容,这是对马克思主义关于社会主义社会矛盾理论的继承和发展,为正确认识和处理社会主义社会各种矛盾提供了理论武器。在《关于正确处理人民内部矛盾的问题》一文中他指出:"敌我之间和人民内部这两类矛盾的性质不同,解决的方法也不同。"②在1949年写的《论人民民主专政》一文里,他曾说过:"对人民内部的民主方面和对反对派的专政方面,互相结合起来,就是人民民主专政。"③毛泽东关于人民内部矛盾的论述为我们正确认识和处理社会主义的社会矛盾,提供了马克思主义方法论的指导。

改革开放之后,中国的社会结构发生了巨大变化,由经济变革所引发的各种社会矛盾冲突问题不断显现。国内学者关于社会冲突的研究也日益丰富,有代表性的观点主要有:

第一,物质利益冲突理论。如郑杭生、杨敏认为:"在现代性和社会转型中,经济发展存在的问题一直是社会矛盾的一个主要集结

---

① [美]刘易斯·科塞.社会冲突的功能.北京:华夏出版社,1989,前言.
② 毛泽东选集(第5卷),第365页.
③ 毛泽东选集(第5卷),第371页.

点"①。孙立平认为："从当前的情况看,利益矛盾和利益冲突已经成为引发社会矛盾的主要方面,已经成为影响社会和谐稳定的重要因素。"②

第二,阶层冲突论。如朱光磊对当代中国社会阶层矛盾产生的根源问题进行了论述,认为阶层冲突主要是社会结构冲突、社会利益冲突以及社会各阶级的心理失衡导致的。③

第三,社会意识冲突论。李培林认为,在中国目前的发展阶段,除了物质利益性矛盾外,中国城市社会中正在产生着一种新的社会冲突类型,即由社会价值观念的差异导致的社会冲突。这种社会意识冲突,并不属于那种"占有生产资料、财富和特权以及阶级归属的社会意识,而是马克思所说的那种仔人们的阶级归属与人们可能的社会态度和社会行为之间建立起来的逻辑链条"④。

国外关于社区冲突的理论研究,最为突出的是桑德斯。桑德斯在其著作《The Community：An Introduction to A Social System》中,就社区冲突的概念、内涵、特点、根源等问题进行了详细论述。⑤并着重对社区冲突的构成要素进行了阐述,认为：冲突在任何一个社区中发生都和三个因素有关,即敌对的关系、不同的权利分配以及社区居民所承认的尖锐的情绪。

国内关于社区冲突的专门性论述很少,比较有代表性的是中国社会科学院社会学研究所的博士后卜长莉。在其著作《社区冲突与社区建设——东北城市社区矛盾问题案例研究》中,卜长莉以 24 个东北城市社区为蓝本,对东北城市社区矛盾冲突问题进行了详细论述。并着重论述了社区服务与社区经济方面的矛盾问题、社区就业

---

① 郑杭生、杨敏. 社会实践结构性巨变视野下社会矛盾. 探索与争鸣. 2006 年第 10 期.
② 孙立平. 博弈：断裂社会的利益冲突与和谐. 北京：社会科学文献出版社,2006.
③ 参见朱光磊. 当代中国社会各阶层分析,天津：天津人民出版社,1999.
④ 参见李培林：社会冲突与阶级意识,北京：社会科学文献出版社,2005.
⑤ [美]桑德斯·社区论. 徐震译. 台北：黎明出版公司. 1982.

及家庭矛盾问题,以及社区保障不完善引发的矛盾问题等。① 此外,国内学者宋林飞、李伟梁分别对社区冲突的概念与内涵作了界定。

本研究在前人研究的基础上,将社区冲突置于社会冲突的背景之下,系统论述了社会冲突理论和社区冲突理论的产生、发展,并在此基础上,详细论述了社区冲突产生的宏观背景、社区冲突的类型、社区冲突的特点、冲突产生的原因及政策性建议。

首先,对于一项研究来说,视角和选题十分重要,一个新颖独特的研究视角和清晰的研究主题,往往能够将研究带入到一个新的境地。在本研究中,社区冲突不仅是实际调查的主线,也是提出问题、分析问题以及解决问题的贯穿全书的主线。

其次,本研究注重对前人研究成果的梳理和回顾,在前人研究的基础上酝酿学术命题。本研究不仅从西方学术界有关社会冲突和社区冲突的主要理论流派展开研究,还对中国本土的社区冲突理论进行了综合系统综述。

第三,本研究将社区冲突类型有机地整合为一个社区冲突体系,并在此基础上分析了社区冲突的特点,尝试性提出了解决社区冲突的建议。

小结:社区功能凸显与社区冲突频发

改革开放之后,尤其是社会主义市场经济体制确立之后,以单位组织为主体的社会结构开始分化,人们的自我发展空间从单位组织转向空间更为广阔的社会。社会资源配置和社会调控中心也开始逐渐转移出单位组织,向社会积聚。于是,以人们的生活和居住空间为核心的社区开始逐渐上升为社会结构的基本单位。因为社区能够有效地整合社会中的各种自治要素和自治资源,单位所承担的社会整合功能逐步由社区所代替。

---

① 卜长莉.社区冲突与社区建设——东北城市社区矛盾问题案例研究.

单位制向社区制的转型，是中国社会进步的重要标志之一。但是在转型过程中，由于单位管理模式趋于失效，街居制也由于基层社会的巨大变化而面临很多的现实难题，在管理上陷入困境。尤其是20世纪90年代以来，中国城市进入了一个大规模的城市建设和市场转轨时期。城市基层社会在这个时期产生了剧烈的动荡：大规模的旧房拆迁、房屋的商品化、人口的老龄化、外来人口的大量涌入、城市污染治理等一系列城市问题仿佛在一夜之间被凸显出来。面对变迁所导致的社区冲突，原有计划体制下的城市基层政府组织越来越明显地体会到自身管理能力的有限。现存的社区权利、社区住房、社区服务和社区经济、社区就业、社区保障、社区组织、社区流动人口以及运作机制等方面都与其所面临的新任务不相适应，导致社区内的矛盾冲突不断发生。

社区冲突主要是基于社区共有资源的所有权和管理所引发的冲突；同一般社会冲突一样，社区冲突也是由于利益观念的对立而产生的；现阶段中国城市社区冲突主要集中在各城市的商品房住宅社区中。在那些房地产市场发展较快、住房的商品化程度较高的城市中，这类冲突表现得尤为突出。不同的是，社区的冲突主要是围绕社区业主（产权人）、通过业主和其他社区活动参与主体的相互作用而发生。

2 社会冲突与社区冲突的相关理论

社会冲突理论是社区冲突理论的基础,从本质上来讲,社区研究就是一种社会研究。对国内外社会冲突理论的研究成果进行梳理,把握冲突理论的发展脉络和精髓,有助于我们认识社区冲突的理论和现实问题。

2.1 冲突理论的兴起

结构功能主义在 20 世纪 40—50 年代发展成为在西方社会中居主导地位的社会学理论,由于结构功能主义着眼于社会的均衡与稳定,忽略了社会冲突这一客观事实,而受到来自各方的批评。冲突理论就是在对结构功能主义批判的理论氛围中产生的。

但是对社会冲突的研究,并不始于 60 年代,早在 20 世纪初冲突论的观点在美国第一代社会学家库利等人的理论中就成为中心内容之一。托马斯·卡弗(Thomas N. Carver)在 1907 年刚成立的美国社会学年会上宣读了大会的中心论文《社会冲突的基础》。美国第二代社会学家、芝加哥学派的代表人物帕克继承了这一理论传统,把"冲突"作为社会学理论的基本概念,并强调冲突的积极作用。在帕克和伯吉斯(E. W. Burgess,1886 - 1966)合著的《社会科学导论》(1921)中,把冲突视为人类互动的基本形式之一。认为只有存在冲突的地方，才有行为意识和自我意识，才有理性行为的条件，冲突往往导致冲突群体间的结合，以及一种领导与从属的关系。这就是说，冲突不仅是获得自我意识的必要前提，也是构成社会组织的重要因素。在1930年的美国第二十六届年会上，社会冲突再次成为主要议题。但在结构功能主义居社会学理论主导地位的30年间，社会冲突现象不仅被忽视，而且被视为社会的病态。

直到20世纪50年代中期，一些社会学家(如达伦多夫等)开始重新注意社会冲突现象，并从马克思、韦伯、齐美尔等古典社会学家的著作中寻求启发，运用古典理论中的社会冲突思想来分析社会不平等、权力、统治，表征出他们在理论旨趣方面的共同性；同时，在如何理解冲突方面，又表现出很大的分歧。因此，确切地说，冲突理论并不是一个统一的理论学派，它包容了辩证冲突论、功能冲突论以及批判社会学理论等，其主要代表人物有达伦多夫、科塞。

冲突理论产生后，在西方社会学界引起了巨大反响，并很快渗透到社会学各分支学科的经验研究中去，在政治社会学、组织社会学、种族关系、社会分层、集体行为、婚姻家庭等领域出现了大量以冲突概念为框架的论著，对当代社会学发展产生了重大的影响。

2.2 西方的社会冲突理论

社会学家对于冲突的研究已经有漫长的历史。尤其是19世纪中后期以来，资本主义充分发展，各种社会矛盾冲突竞争出现，那种认为社会犹如一个生物机体的"机体学派"已经无法解释新的社会现象，以马克思、韦伯和齐美尔为代表的古典冲突理论应运而生。

2.2.1 多元社会冲突理论

多元社会冲突理论的典型代表是韦伯。

韦伯是西方社会学中第一个比较全面地对社会组织结构和阶层结构作出分析的社会学家，他的社会冲突思想集中在他的《经济与社会》一书中。与马克思不同,韦伯认为冲突产生于具体经验的事实和具体历史情境。在韦伯看来,冲突关系的基础可以来自于很多不同的利益类型,包括社会的、物质的和政治的。

韦伯强调社会分层的多维层面,尤其是阶级、地位和权力组织等维度。现代西方社会学的分层理论都由此出发,继承了这一理论传统。韦伯认为,社会中的人们可以按照三种标准进行分层,即财富、声望和权力。依照这三种分层标准,人们可以被划分成三种不同性质的等级群体,整个社会也可以划分为经济、社会地位和政治权力三种类型的结构。这三类结构,可能是重合的,也可能是不重合的,其中(政治)权力结构是一种强制性力量,它能够左右其他两类结构,因此在社会生活中,人们会为了加强自己的经济实力或提高自己的社会地位而谋取权力机构中的权力。

权力,被韦伯看作是一种不顾他人的反对而把自己的意志强加于人的可能性。同时,韦伯还提出了权威概念,认为权威是一种"一群人会服从某些特定的(或全部的)命令的可能性",其中"包含着最起码的自愿服从成分"。权威与权力不同的根本所在就是,权威的运作中有"自愿服从成分",而权力的实施只是强迫。换句话说,权威是一种人们自愿服从的或合法的权力。因此,人们自愿服从或合法的权力结构也就自然是权威结构。①

正是在关于权威结构的论述中,韦伯表达了他的冲突论思想。他认为,权威结构内的权威依社会行动类型的不同可划分为三类:传统权威、个人魅力权威和法理权威。传统权威是建立在人们对古老传统的神圣性以及实施权威者的合法性观念基础上的权威类型。个人魅力权威是依赖于人们对其崇拜的权威类型。法理权威是一种建立在遵守正式制定的、非个人专断的法规基础上的权威类型。

韦伯认为,这三种权威类型实际上是在一个时间序列中权威结构变化的不同表现形式。传统权威终将要为法理权威所代替,而个

---

① 参见马克斯·韦伯.支配的类型[M].台湾:新桥出版公司,1987,第24—87页.

人魅力权威只不过是这种替代过程中的一种过渡类型。他认为,在传统权威向法理权威过渡的过程中必然会产生冲突,因为在传统权威结构中存在产生冲突的社会条件。这就是:

第一,在三类社会结构中都占有社会资源的人们具有高度整合性,即财富、声望和权力集中在较少的社会成员中;

第二,在对社会资源占有不同的社会等级之间有较大的间断性,即上层占有过多而下层几近于无;

第三,社会垂直流动程度较低,使社会等级中的下层难以进入上层获取社会资源。

这三种客观社会条件都会使占有较少社会资源的社会成员对某种既成权威关系的否认。若同时出现富有个人魅力权威的领袖,社会必然发生冲突。富有个人魅力的权威领袖善于激发起那些缺乏获取社会资源机会的人们,使他们对占有过多社会资源的人们充满仇恨和反抗精神。这时,传统权威的神圣性和合法性将受到严重的挑战,居于权威地位的人们与无权威的人们之间必然发生严重的冲突。冲突一旦取得成功,个人魅力权威通常要迅速使其制度化,以维护自己的既得利益。这可能采取两种形式。一种是采取因袭的形式,这就会重新造成一种传统权威结构类型,其结果是,当原来导致冲突出现的各种条件形成时,新的冲突又将出现。另一种是以法理形式制度化,使权威的行使以法律制度的形式确定下来,在这种情况下,冲突会不能避免,但却能得到缓和。

在社会分层研究领域里,韦伯的理论是后来发展起来的各种经济社会地位测量方法的渊源,这些方法及其各种精心设计的社会经济地位量表,均是将收入、教育、职业等各种影响因素,通过相关系数的分析和加权的方法,测算出一个统一的分值,来描述社会分层的结构。

但是,这些社会分层的方法,都没有深入地揭示描述客观分层与主观阶层认同之间存在的真实逻辑关系,也没有真正概括出具有规则、定理意义的阶级阶层意识和集体行为形成过程。造成这种缺失的原因，是社会的复杂性。因为在现实中，决定人们阶级阶层意识、价值取向、社会态度、偏好、预期和行为选择的因素是非常复杂的，在一些具体的社会景况、所针对的关键问题、大的社会背景以及根本的社会矛盾发生变化和更替的情况下，决定群体社会态度和社会行动的轴心变量也会发生变化，传统的"阶级决定论"（即认为阶级归属决定价值取向、社会态度和行为选择的分析方法）就会出现失灵的情况，丧失对现实生活的解释力。①

2.2.3 温和社会冲突理论

格奥尔格·齐美尔（Georg Simmel，1858－1918）是西方社会学古典时期反实证主义思潮的主要代表之一，形式社会学和微观社会学的创始人。他同时也是温和的社会冲突理论的代表人物。在《冲突与群体成员网》中，齐美尔对社会冲突的思想作了较为集中的论述。

他认为，个人是社会的产物，是社会过程的环节，社会化了的个人和社会总是保持着一种双重关系：他被结合在社会里，又和社会相对立；他是社会里的人，又是社会外的人；他为社会而存在，同时也为自己而存在。人既是社会的环节，又是他自己本身；既是社会的产物，又是自主生活的产物。当一个人做出决定的同时，他已被社会所决定；当他准备采取行动的时候，他只是按照社会的要求在行动。每一个社会成员都被结合在一定的社会关系网络中，社会既允许又阻止个性的发展，个人的行为只有在符合社会规范时，才是自由的。社会就是由相互间有多重关系的个人所构成的一个复杂网络，是人民相互作用和联系起来的特定方式。社会冲突是社会交往的基本形式之一。

相对于激烈的社会冲突现象，齐美尔更关注的是温和的社会冲突。他认为：温和的社会冲突会对社会整合发挥积极作用。当从社

---

① 李培林.社会冲突与阶级意识当代中国社会矛盾研究.社会[J].2005(01).

会学所认为的冲突的积极角度来看社会现象时,社会现象就会展现新的面貌。①

齐美尔认为,冲突使群体中的某个人或某些人可能感到痛苦,但相互间的冲突又把他们连结在社会网络中。社会冲突涉及相互作用,它不但能加强已有的关系,还有助于建立新的社会网络联系。因此冲突是一种具有建设性的积极力量,不能设想存在一个无冲突的社会,同样不能设想存在一个完全能够禁止个人之间、群体之间冲突和斗争的社会。一个健全的社会及其分组成部分之间充满了纵横交错的冲突,仇视与和平、有序与无序,冲突与协调相互关联,均表明同一事实不同的两个方面,仅形式不同而已,并构成社会生活的永恒辩证规律,冲突是社会生活的精髓,是社会生活中不可或缺的要素。

在提出关于社会冲突基本观点的基础上,齐美尔进一步分析了群体间冲突的强度,冲突对各方的作用,以及冲突对社会系统的整合作用。首先,情感因素与冲突的强度相联系,当冲突双方感情投入越大时,冲突的程度也就愈激烈,当冲突群体具有很强的凝聚力时,以及当这些冲突群体是从以前的和谐关系中形成时,这种由情感因素引起的冲突程度就愈具相关性。其次,冲突群体各方对冲突的理解超出个人目标和利益的程度愈大,冲突的强度也愈大,即群体成员把冲突视为超出他们个人目标的程度增加了激烈冲突的可能性。再次,冲突的目标愈明确,冲突的强度愈小。因为在齐美尔看来,利益表达得愈清楚,冲突群体的目标就愈集中,这就有可能把激烈的冲突仅仅作为达到许多目标的手段之一,因为对抗性不强的冲突,常常能起到实现群体特殊目标的作用。

在一般条件下,共同利益的意识,能导致高度工具性和非暴力的冲突,如劳资关系网络中,在工会形成的初级阶段,对其利益和目标并不是十分清楚,暴力往往成为劳资关系冲突的表征。当劳资关系

---

① Georg Simmel, Conflict (translated by Kurt H. Wolff, The Free Press, Glence, Ill), pp. 13 – 17.

的利益和目标变得清楚后,顺从、顺应、妥协等较为缓和的社会互动形式就逐步取代了激烈的冲突形式。应当指出的是,齐美尔的这一观点与马克思关于经济利益、阶级意识上升到自觉水平时,会导致阶级对抗及其激烈形式阶级斗争和暴力革命的思想具有重要区别。

冲突对各方的影响主要表现在三个方面:第一,群体间冲突程度愈大,冲突频率愈高,群体界线就愈不可能消失;第二,冲突愈激烈,且群体整合程度愈低,冲突群体内部就越趋向于集权化;第三,冲突愈激烈,冲突群体内部的团结愈紧密。同时,冲突对社会整体也产生影响:在一个社会系统中,具有不同权力的群体之间的冲突不超出一定的强度时,冲突对社会系统则可能起到整合作用;群体间冲突关系愈激烈且持续时间愈长,社会系统中原先无联系的群体形成联合的可能性就愈大;群体间激烈冲突的历时越长久,冲突各方的联合就越持久。从齐美尔关于冲突对冲突各方和社会系统的论述表明,激烈的冲突能增强冲突各方的团结程度和内部的聚合力,在这一过程中,也对社会系统产生了积极作用,即促进冲突群体的组织和团结。这是因为,冲突群体内部组织水平的提高,使他们在没有使用暴力的情况下实现了他们的许多目的,这种明确规定的目的部分实现削弱了内部系统的紧张程度,因而促进社会系统的整合。另一方面,当系统中不同成员清楚地认识到各自利益时,冲突能把这些成员集中在一起,群体和组织基于自身利益的考虑,避免激烈冲突造成的利益损害,会联合起来组成更大的社会整体。而且,只要激烈冲突的威胁继续存在,这样的联合就会持续下去。显然,齐美尔是从功能的角度强调了冲突对社会系统的积极作用。认为冲突"使群体边界清晰化、使权威及中化、增强了对越轨行为与歧见的控制,并加强了冲突派别内部的社会团结"。①

齐美尔肯定了社会冲突的普遍性,认为冲突的原因植根于人类社会有机体各单位之间一种先天的敌对冲动,即人类行动者的先天

---

① ［美］乔纳森·特纳. 社会学理论的结构(上)［M］. 北京:华夏出版社,2001:168.

生物因素。冲突不仅是利益对立的反映,而且是敌对本能的反映。这样的本能被利益冲突刺激而发展,同时也受到和谐的关系和爱的本能的制约。尽管人类行动者的仇恨和争斗本能的特性与社会有机体本质是相一致的,但社会冲突并不会造成社会的解组,它是维持社会机体运行过程的必要条件之一。促进社会整合是冲突的主要功能,齐美尔的这一观点与马克思注重冲突在社会变革中的作用的思想构成二者在冲突理论方面的重大差异。

齐美尔将冲突概念化为一种变量的分析方法对我们认识和理解冲突现象具有启发意义。在齐美尔那里,冲突是一个表明不同强度和激烈性的变量。现实社会的冲突状态都可以在这两个变量中找到其相应的位置。

齐美尔关于冲突结局的命题对社会冲突现象分析提供了更多的选择,即冲突并非必然表现为暴力和革命,在一定条件下,冲突激烈的程度以及它对社会各部分和社会整体造成的影响,都能够在冲突过程中发生转移和改变。

冲突的社会学意义在原则上从未受过怀疑。[①] 齐美尔的社会冲突理论是独创的,他不仅看到了社会冲突的消极功能,而且看到了社会冲突对社会发展的促进作用,为社会发展理论研究开辟了一个崭新的视角。

2.2.4 辩证冲突理论

达伦多夫是辩证冲突理论的主要代表人物。他从社会结构和社会关系的角度入手,对冲突的直接起因进行了解释。他认为:任何社会中都存在着"强协体"这种强制性权威结构。在这种结构中,统治者和作为被统治对利益的占有不同。具有权威地位的统治者拥有期望的利益,而无权威地位者则无此种期望的利益,由于任何人都不

---

① Georg Simmel. Conflict (translated by Kurt H. Wolff, The Free Press, Glence, Ill), pp. 13 - 17.

愿使自己永远居于一种受支配、受统治的地位,因而在这种结构中对立的两种角色之间必然会为自己的利益或维持或争夺权威结构中的支配权。在通常情况下,拥有权威者能通过权威结构对无权威者施以权威力量,因而即使是社会中存在一种极端的不平等状态,这种权威结构也能得到维持。但是,社会总是变动不居的,强制性社会结构中的权威地位会由于结构内部双方力量的消长而受到威胁。当某一既成的权威结构中居于统治地位者的权威地位失落时,冲突就将出现。由此,达伦多夫寻找到了冲突产生的直接起因,这就是由居于权威地位者的权威地位失落导致的既成权威结构解体。

对社会冲突根源的分析是达伦多夫理论的要点之一。他认为社会冲突的根源,既不能归结为诸如人的侵犯性冲动等心理因素、偶然的历史事件,也不能归结为马克思关于阶级的"财产来源"的观点,而要归结为特定的社会结构,即社会权威结构。认为权威的不平等分布是社会冲突的根源。各种单位内统治者与被统治者对权力和权威的争夺造成了许多社会冲突,并由社会冲突而导致了社会变迁。和谐与秩序只是暂时的,强制和冲突则是普遍的和持久的。社会是冲突与和谐的循环过程,权力和抵制的辩证法则是历史的推动力。达伦多夫认为,只要条件成熟,社会中的各个要素都可能引发社会冲突,进而导致社会变迁甚至社会解体。

社会冲突尤其是利益集团之间的冲突,直接威胁到统治地位的占有者,改变权威结构从而导致社会结构的变迁。关于冲突的处理,达伦多夫认为,阶级之间的冲突与斗争也并不一定是残酷的和革命的,冲突是社会组织权威结构的必然产物,不能简单地否认或压制它,而应该采取"冲突的制度化调解"系列对策。如达成共识,明确地承认利益冲突的客观存在并为其提供表达与协商的各种有效途径;建立机制,具体包括谈判、仲裁与调停等机构;约定规则,即冲突各方约定处理相关矛盾关系框架的一些正式游戏规则,并将这些规则制度化。

在达伦多夫看来,冲突的后果表现为社会变迁。他认为社会中必不可少地要有某种强制权威结构,冲突就是在某种既成权威结构解体时出现的,由于社会始终只能以权威结构形式存在,因而冲突的效应是建立新的权威结构。这种新的权威结构是一种对旧有结构的更替,因而是一种变迁。同时,由于任何权威结构的本质都是压制,所以新建立的权威结构还将会解体,形成更新的冲突,建立更新的权威结构。由于从强制性理解社会,他把冲突视作一种具有破坏性的强冲突,为此而特别提出了冲突调节的问题,对冲突调节的前提条件和方式进行了深入探讨。

达伦多夫的辩证冲突理论是将马克思、韦伯、齐美尔关于社会冲突的洞察结合起来的一系列理论命题的最高成就。[①] 他强调社会冲突的客观必然性及其与社会变迁的关系,揭示了稳定与变迁、整合与冲突、共识与压制的辩证关系。他对社会冲突的辩证思考,对于正确认识社会矛盾和社会冲突现象、协调利益矛盾,提供了有价值的参考。

2.2.5　功能主义冲突理论

功能主义的代表人物是科塞。科塞在《社会冲突的功能》一书中最早使用"冲突理论"这一术语。他接受了德国社会学家齐美尔的社会有机体论,反对美国社会学家 T. 帕森斯认为社会冲突只具有破坏性作用的片面观点。科塞在《社会冲突的功能》一书中给冲突所下的定义是:社会冲突就是由于争夺社会地位、权力和资源及价值观不同而引起的斗争;在斗争中,相互对立的诸方,旨在吞并、伤害或消除对立的一方。[②]

科塞把冲突的原因分为两类:物质性关系和非物质性关系。物质性冲突原因,是指权力、地位和资源分配方面的不均;而非物质性冲突原因是指价值观念和信仰的不一致。

---

① 乔纳森·特纳著. 邱泽奇译. 社会学理论的结构[M]. 北京:华夏出版社,2001.
② [美]科塞. 社会冲突的功能[M]孙立平译. 北京:华夏出版社,1989:前言.

科塞强调，现存不平等的分配体系所具合法性的消解是引发冲突的前提；与德国社会学家韦伯一样，科塞主要从非物质性和物质性两方面着手分析社会冲突产生的根源。社会冲突的非物质性原因，是由于社会合法性的撤销，就是人们对现有的制度怀疑并缺乏信心。社会冲突的物质性原因包括以下两个方面。首先是由于权力和报酬的分配不公，不平等的社会系统和下层社会成员被剥夺状态更容易引起社会成员对现存社会分配方式的合法性的怀疑。其次，僵化的社会结构比灵活的社会结构更容易引起社会冲突，也是潜伏危机的社会结构。社会冲突的严重程度取决于社会结构和人们心理因素的交互作用。科塞十分重视非物质性的原因，因为人们对物质资源分配不均的失望，属于心理方面的反映，最终可归结为非物质性起因的范畴。对于合法性消解的诠释，科塞着重指出，面对稀缺物质资源的分配不均，人们首先在心理上、情感上被唤起，从质疑分配不均是否合理迅速发展到否定其存在的合法性；人们的相对剥夺感和不公正感由此日益增强。当疏导不满的渠道不存在时，当人们向上流动的愿望受到阻碍时，更有可能引发冲突。对此，科塞解释说，引发冲突的起因是社会报酬分配不均以及人们对此表现出来的失望，分配体系合法性的消解乃是关键的诱导因素。

　　社会冲突的正功能体现为以下几点：一是社会冲突的主题，如果不涉及基本价值观、信仰等，社会冲突就具有积极的功能；二是发生冲突的社会结构，在富有弹性的社会结构中，通过为冲突安排制度化的"出口"，通过冲突方在权力关系中的结构调整，可以实现社会系统再整合，达到渐进式社会变迁的目的。对于这种情况的诠释，科塞最引人注目的命题是频繁且低强度的冲突具有一定的"正"功能，因为这类冲突使人们反思和重新组织他们的行为，变革产生"紧张"的规则手段，缓解冲突关系的规范调节程度，通过合理的渠道释放紧张甚至敌对的情绪，使之不至于达到极端化。在此情况下，卷入冲突的各方能够较为理性地分析冲突所针对问题的现实性，清晰地表达各自的利益和目标，相互之间讨价还价，从而达成妥协，有助于提高社会各群体之间的协作联合程度。由此,既促进了冲突各方日趋联合,又提高了社会系统内部的弹性协调程度和对外部环境的适应能力。

如何驾驭上述的特定情况,充分发挥冲突"正"功能的社会效用,关键在于构建整合社会冲突的利益均衡机制。安全阀理论就是功能主义冲突理论一个极为重要的理论贡献。"安全阀"是一种社会运行的安全机制,科塞认为敌对的情绪不等于冲突,如果敌对的情绪通过适当的途径得以发泄,就不会导致冲突,像锅炉里过量的蒸汽通过安全阀适时排出而不会发生爆炸一样,不仅有利于社会结构的维持,而且有利于促进社会良性运行,协调发展。科塞的功能主义冲突理论虽然发端于对结构功能理论的批判,但它不是对结构功能理论的否定,而是对结构功能理论的扬弃和补充。

当然,科塞的理论中还存在一些不足,主要表现在:(1)社会冲突的概念有些含混。对冲突与敌意的释放、社会冲突与群体冲突之间没有做出很好的区分。(2)关于社会冲突的有关命题没有做出很好的逻辑区分与排序,使全文的谋篇布局略显混乱。(3)对于社会冲突理论的前提条件和命题的约束条件没有做出很好的区分,特别是对社会冲突功能理论的前提条件的界定不够清晰明确。

总之,以上所提及的这些学术大师所进行的努力和贡献是人类共同的精神财富,他们所提出的一些基本命题为我们分析中国转型期的社会冲突提供了大量的理论资源。

2.3　辩证唯物主义的社会冲突理论

2.3.1　马克思的唯物主义社会冲突论

关于社会冲突的认识,最早见于马克思1843年9月致卢格的信中。之后,在马克思和恩格斯合著的《德意志意识形态》中,他又对社会冲突进一步作了阐释。

马克思的社会冲突理论是建立在生产力和生产关系、经济基础和上层建筑这一社会结构基础之上的。他对社会冲突的理解通常分为经济冲突、政治冲突和阶级冲突三大类型,而马克思尤其关注的是阶级冲突。在冲突理论的先驱者中,马克思当属解释社会冲突根源和阶级冲突在社会变革方面的作用的主要思想家。在马克思看来,阶级存在的社会,阶级对立和斗争是冲突的主要形式,尤其是在生产力发展的前提下,会形成与生产关系的巨大矛盾,即以经济基础的形式与上层建筑发生矛盾,表现为被压迫阶级的革命以及统治阶级的镇压。

在《政治经济学批判(序言)》中,马克思有一段经典论述,他说:"资产阶级的生产关系是社会生产过程的最后一个对抗形式,这里说的对抗,不是指个人的对抗,而是指从个人生活条件中生长出来的对抗;但是,在资产阶级社会的细胞里发展的生产力,同时又创造着解决这种对抗的物质条件。"①

马克思和恩格斯合著的《德意志意识形态》(1846)中首次表达了关于社会冲突根源的思想,一切历史冲突都根源于生产力和交往形式的矛盾,必须从生产中寻求社会发展的原因。他认为是由于人们在生产中的地位不平等,尤其是对财产和生产资料占有的不平等导致的。当然,马克思也特别强调阶级冲突的作用,他在《共产党宣言》中就曾说过:"到目前为止,一切社会的历史都是阶级斗争的历史",阶级斗争在社会发展中起重要作用,是阶级社会发展的"直接动力"。他说:"根据我们的全部经历,摆在我们面前的只有一条路。将近四十年来,我们一贯坚持阶级斗争,认为它是历史的直接动力。"②

正是坚持了阶级分析的观点,马克思才正确地揭示了阶级社会的本质及其产生冲突的真正原因。在致魏德迈的一封信中,马克思明确提出:"无论是发现现代社会中有阶级存在或发现史学家就已叙述过阶级斗争的历史发展,资产阶级的经济学家也已对各个阶级作过经济上的分析。我的新贡献就是证明了以下几点:第一,阶级的存

---

① 马克思、恩格斯. 马克思恩格斯选集(第 2 卷)[M]. 北京:人民出版社,1972.
② 同上.

在仅仅同生产发展的一定历史阶段相联系;第二,阶级斗争必然要导致无产阶级专政;第三,这个专政不过是达到消灭一切阶级和进入无阶级社会的过渡。"[①]

马克思、恩格斯在一系列著作中所表述的关于阶级对立、阶级冲突、阶级斗争、社会解放的思想,被冲突理论加以部分地吸取,并被其重新诠释和运用。可以说,马克思开创了社会冲突理论的先河,对现代社会冲突理论的发展产生了深刻的影响。

2.3.2 毛泽东的人民内部矛盾冲突理论

中国社会冲突理论的发展经过了由毛泽东的人民内部矛盾理论到改革开放之后的物质利益冲突论、阶层冲突论等阶段。

毛泽东思想的核心观点是矛盾冲突以及由此发生的变化。毛泽东对社会主义社会矛盾冲突问题的研究集中在《论十大关系》和《关于正确处理人民内部矛盾的问题》这两篇著作中。他认为社会主义社会主要存在两类矛盾:人民内部矛盾和敌我矛盾。人民内部矛盾产生的根源是生产关系和生产力之间、上层建筑和经济基础之间既相适应、又相矛盾的情况。敌我矛盾冲突产生的根源,具体地说是由于革命时期大规模的急风暴雨式的群众阶级斗争虽然基本结束,但阶级斗争还没有完全结束,还存在着少数没有改造好的剥削阶级残余分子,还存在着国际敌对势力及其派遣特务的破坏活动。

1957年2月毛泽东发表《关于正确处理人民内部矛盾的问题》的讲话,系统阐述了社会主义社会矛盾理论的内容,这是对马克思主义关于社会主义社会矛盾理论的继承和发展,为正确认识和处理社会主义社会各种矛盾提供了理论武器。

为了达到正确处理两类矛盾的目的,毛泽东强调:首先必须严格区分两类性质不同的矛盾,然后再找出适当的处理方法。他通过对我国社会人际关系的一系列带根本性问题的全面、系统的分析,制定

---

① 马克思、恩格斯. 马克思恩格斯选集(第2卷)[M]. 北京:人民出版社,1972.

了一系列处理两类矛盾的基本方法。

在《关于正确处理人民内部矛盾的问题》一文中他指出："敌我之间和人民内部这两类矛盾的性质不同,解决的方法也不同。"①在1949年写的《论人民民主专政》一文里,他曾说过:"对人民内部的民主方面和对反对派的专政方面,互相结合起来,就是人民民主专政。"②在1950年6月的第二次政治协商会议上,他还说:"人民民主专政有两个方法。对敌人说来是用专政的方法,就是说在必要的时期内,不让他们参与政治活动,强迫他们服从人民政府的法律,强迫他们从事劳动,并在劳动中改造他们成为新人。对人民说来则与此相反,不是用强迫的方法,而是用民主的方法,就是说必须让他们参与政治活动,不是强迫他们做这样做那样,而是用民主的方法向他们进行教育和说服的工作。"③由于人民的内部矛盾是人民根本利益一致基础上的矛盾,是非对抗性的,所以解决这类矛盾必须用民主的方法,如"团结——批评——团结"的方法等。毛泽东指出:"人民为了有效地进行生产、进行学习和有秩序地过生活,要求自己的政府、生产的领导者、文化教育机关的领导者发布各种适当的带强制性的行政命令。没有这种行政命令,社会秩序就无法维持,这是人们的常识所了解的。这同用说服教育的方法去解决人民内部的矛盾,是相辅相成的两个方面。"④

毛泽东关于人民内部矛盾理论的论述主要是在社会主义改造完成之后,承认在社会主义社会也有矛盾,并创造性的把矛盾分为两类性质的矛盾,提出了区分两类性质的矛盾的标准,基本承认当时国家的政治生活已经从大规模的群众性的阶级斗争转化为人民内部矛盾问题,丰富和发展了马克思主义。

---

① 毛泽东选集(第5卷),第365页.
② 同上书,第371页.
③ 同上.
④ 同上书,第368—369页.

两类矛盾学说第一次创造性地提出了正确区分和处理两类不同性质的矛盾,为我们正确认识和处理社会主义的社会矛盾,提供了马克思主义方法论的指导。

2.4 中国当代社会冲突理论

改革开放以来,中国的制度化结构发生了持续变化和快速转型,从计划经济体制向市场经济体制转型、从传统社会向现代社会转型;新旧体制的交替是渐进式的,要经过一个较长时间的持续性的变动过程。这种制度化结构的变动在基层社会主要表现为单位制社区和街居制社区构成的传统结构向自治性社区的新型结构转变。在这种快速转型和持续性变动过程中,新旧制度和规范的长期并存会增大制度结构之间的不协调和磨擦成本,二者之间由于制度设计原则与理念的不同导致利益不均衡状况持续存在,导致了社会冲突与社区冲突的产生。

改革开放之后,中国的社会结构发生了巨大变化,由经济变革所引发的各种社会矛盾冲突问题不断显现。社会冲突不仅仅是一种理论,更是当前中国社会回避不了的一个现实。概括地说,国内学界对此问题的研究主要集中在以下几个方面:

1. 物质利益冲突论。该理论认为利益矛盾和冲突是引发社会矛盾的主要方面,并成为影响社会和谐的重要因素。

2. 阶层冲突论。该理论认为改革开放之后,工人与农民这两大传统而又简单的社会利益群体模式已经被打破,新的社会阶层不断涌现,阶层之间的冲突相应产生。而分配不公、贫富悬殊、失业与物价上涨等因素都是阶层冲突产生的重要原因。

李培林教授认为:当前出现的各种社会矛盾,包括在不同社会阶层之间出现的社会矛盾,基本上都属于人民内部的矛盾,我们说"立党为公、执政为民",这个"民"不是仅仅包括几个社会阶层,而是包括所有赞成、拥护和参加中国社会主义现代化建设事业的人们。各个社会阶层之间发生的社会矛盾和冲突,基本上都是利益格局变化中出现的利益问题,所以也只能通过社会主义民主和法治的渠道、通过利益格局的逐步调整来加以解决,而不能用压制甚至粗暴的办法解决,更不能用对待敌人的办法来解决。我们原来以为,收入差距扩大是改革的效率优先取向产生的自然结果,它的发展趋势也会遵循库兹涅茨关于收入差距随经济增长先扩大、后缩小的倒 U 型曲线。但目前看来,由于中国初级劳动力无限供给的特殊条件,也由于新型经济中资本积累周期大大缩短的新情况,还由于发展中出现的腐败和权钱交易等因素的负面影响,收入差距具有继续快速扩大的趋势。对于这种新趋势,应当认真加以分析,通过疏导和调节使其不至于朝着激化社会矛盾的方向发展。[1]

3. 社会意识冲突论。该理论认为在中国目前的发展阶段,除了物质利益性矛盾外,还存在着社会价值观念差异所导致的冲突。由价值性原因所导致的社会冲突散布在各个不同的阶级当中,越是自己在心理上认同比较低的社会阶层,就越容易形成对其他较高阶层的不满和冲突意识。[2]

相应地,认识和分析社会主义建设时期的社会矛盾,也存在着三种路径:

第一种是"阶级斗争"的分析方法,它的基本假设和断定是,社会主义时期的一切社会矛盾,归根结底是无产阶级和资产阶级的阶级斗争的反映,共同的阶级就意味着共同的社会地位和共同的利益,后者又进一步意味着共同的社会意愿、共同的社会态度和共同的社会行动。在这种逻辑推论下,中国在改革开放前的很长一个时期,"以阶级斗争为纲"定阶级、划成分,来判定人们的政治态度和社会行为,一旦被打入另册,就终生不得翻身。只要出现社会矛盾激化的事件,

---

① 李培林. 当前社会矛盾的判断. 瞭望新闻周刊[J]. 2004 年 1 月 12 日第 2 期.
② 卜长莉. 社区冲突与社区建设——东北城市社区矛盾问题案例研究[M]. 北京:社会科学文献出版社,2009.

就上纲上线,抓幕后黑手和坏人,用镇压的办法解决。

第二种是"物质利益"的分析方法,它的基本假设和判定是,社会主义时期的基本社会矛盾,都是人民内部的矛盾,形成的原因是复杂的,既有制度建设中的不完善问题,也有国家干部的工作作风问题,更多的由各种物质利益分配中的不恰当、不协调、不公平引起的。所以,最根本的是要从各个社会阶层和各种利益主体的物质利益的协调入手来解决矛盾。

第三种是"社会意识"的分析方法,它的基本假设和判定是,随着社会结构的深刻变化和社会利益主体的多样化,一些促成社会矛盾和新型社会运动的"社会意识",并不属于"客观阶级"的意识,而是属于"认同阶级"的意识,这种"社会意识"产生的社会矛盾和冲突,往往具有"突发"、"快速扩散"和"难以预测和控制"的特点。

历史和当前的社会实践证明,对于社会主义建设时期的人民内部矛盾和社会问题,"阶级斗争"的分析方法,是一种极端错误的和带来极大社会灾难的方法;"物质利益"的分析方法,是适合目前大多数社会矛盾和社会冲突的方法;而"社会意识"的分析方法,是我们还不熟悉,但适合于一些具有现代风险特征的社会冲突和社会问题的方法。①

总之,可能产生社会冲突的社会不平等类型主要有三类:第一类是以生理为依据的不平等,主要包括以下两种:一是性别歧视,二是种族歧视。第二类是以经济为依据的不平等,主要包括以下三种:一是职业不平等,二是工业冲突,三是居住冲突。第三类是以地位为依据的不平等。

社会分化造成的社会群体利益的对立,不平等系统中被统治者的相对剥夺感与不公正感上升,并因此导致统治者政治权威丧失是社会冲突发生的根本性的原因。而社会"系统中的被统治群体越是意识到其集体利益并怀疑稀缺资源分配的合法性,他们就越有可能

---

① 李培林.社会冲突与阶级意识当代中国社会矛盾研究.社会[J].2005(01).

参加针对这一体系的统治者的冲突"。在社会转型期,社会群体分化和社会利益分配格局的变化,部分人群的相对剥夺感更为突出,社会成员的公民意识、政治参与意识,以及对国家实现市场经济后的期望也在不断增长,社会群体之间的冲突加剧。也就是说,"传统国家处于现代性的影响下,已冲破传统生活方式的束缚,正面对着经济、社会和政治变革的压力,遭受着新的、更好的经济生产方式和经济保障方式的冲击,由于现代化的变革进程,特别是由于政府无力满足人们日益增长的期望,而受到挫折。这种挫折的产生与泛滥会造成政治上的不安定"。而同社会处于转型期所具有的不确定性和变动性一样,这个时期的社会冲突也具有目标的变动性和形式的多样性这样一些特征。而一旦出现经济(特别是金融)、政治和社会环境急剧恶化的情形,就有可能发生大规模的社会政治骚乱。①

以上对社会冲突理论及其内涵的梳理,有助于我们客观准确地把握社会冲突现象,科学地看待社会冲突对于社会变迁与社会发展的积极功能,帮助我们透过纷繁复杂的冲突表象认识转型时期中国社会冲突的实质,并在此基础上提出缓和、化解社会冲突的策略。

社会冲突理论为我们认识社区冲突、解决社区冲突提供了必要的理论支持。

2.5　桑德斯的社区冲突理论

长期以来,社会学者对社会冲突的研究主要是着眼于整个社会;直到 1957 年,美国学者 J. S. 科尔曼《社区冲突》一书出版,社会学者才开始在地方社区范围内研究社会冲突。之后,美国学者桑德斯也将社区冲突置于他的视野之内。

---

① 于建嵘:转型中国的社会冲突——对当代工农维权抗争活动的观察和分析.领导者(双月刊)2008 年第 2 期,总第 20 期.

2.5.1　社区冲突:研究背景与内涵

桑德斯研究社区冲突并非出于偶然,而是当时的社会发展背景使然,是那个时代激烈变革的产物和表现。二十世纪的美国社会发生了激烈的变迁。尤其是第二次世界大战之后,美国一跃成为世界头号强国。但丰富灿烂的物质文明并没有带给美国人太多的慰藉,相反的是无尽的隐忧。传统的社会问题也并未随着经济的发展和科技的进步不复再现,反而更加暴露无遗。阶级问题,人权问题,经济发展的失衡,工业发展对生态环境的破坏,自然资源的不合理利用,经济危机对社会生产力的阻碍,垄断组织权力的无限扩大等问题深深地困扰着美国人。城市化、工业化、商业化步伐加快,大量的社会问题涌现,严重影响到了美国的地方社区,社区突然成为美国社会矛盾最为集中的场所。

为了适应社会变迁的速度、缓解社会矛盾,美国社会学界在研究社区的视角方面也发生了变化,开始从以社会体系为主要方法的社区分析,转向以社会冲突与行动为中心。"社区社会学"成为美国许多大学中的一门新兴课程。

在这个背景之下,桑德斯于 1958 年出版了《社区:一种社会体系的介绍》(The Community:An Introduction to A Social System)一书,在该书中,桑德斯对社会系统概念进行了具体的阐述:社会系统主要包括组织成份和运作方式。组织成分是一个系统的各个单元及其互动模式,包括居民、社会群体和主要的系统(如家庭、经济、宗教、政府等)。组织投入运作,使社区系统保持活力,如接收新成员、社会化、物品和服务配置、社会控制和社会整合等。《社区:一种社会体系的介绍》于 1966 年和 1975 年两次再版。到了第三次再版时,又增加了对社会不平等与冲突的研究,并把书名改为"The Community"。该书采用社会体系、社区冲突以及社会场域三种理论研究视角来描述社区生活,揭示了社区由不平等而冲突、由改变而均衡的持续发展过程。该书的引证文献达到五百多种,资料占有量非常丰富,经历了十余年的发行仍然深受社区研究者的欢迎，对美国社区发展研究产生了重大的影响。台湾社区研究专家徐震教授把该书的第三版翻译成汉语，取名《社区论》。

在《社区论》中，桑德斯对社区冲突的构成要素进行了阐述，他认为冲突在任何一个社区中发生都和三个因素有关，即敌对的关系、不同的权利分配以及社区居民所承认的尖锐的情绪。桑德斯认为冲突是正常的，甚至还是人类经验的一部分，冲突的发生与社会变迁有着密不可分的关系。人们在研究社区冲突时，应该深切认识到地方社区与全国社会的密切关系。导致冲突的因素，常常来自于社区以外，而非来自社区内部突然爆发的一种冲突，虽然地方的因素也常有造成冲突的可能。①

国内学者亦对社区冲突之概念、意涵有相当研究。如宋林飞认为：社区冲突是在社区这个高度聚集的地域空间中，以大多数社区成员或社区内部的社会群体、社会组织为主体的、对整体或局部的社区生活能够产生一定影响作用的抵触、差异、对立、排斥等矛盾现象。②

社区冲突同社区内部成员及群体、组织有着密切的关系，这不仅因为社区成员、群体、组织等是形成社区矛盾冲突的主体。从另一方面看，社区冲突也能促使社区发生变化，产生新的规范和创造新的关系，为社区成员等进行社会行动提供新的情景、前提和条件。

李伟梁认为，社区冲突就是指社区利益受到侵害后矛盾双方所产生的冲突。它主要表现为社区的地理生态环境遭到严重破坏或生活秩序受到严重干扰时所引起的冲突和矛盾。社区冲突事件在冲突范围上既区别于社会冲突事件，又区别于个人冲突事件，仅指涉及整个社区范围的冲突。社区内组织机构、公共设施、建筑物、绿地、道路和水域等机构设施和生态环境遭到破坏是引起社区冲突事件的常见原因。冲突事件可能来源于社区外部，也可能来自于社区内部部分

---

① ［美］桑德斯.社区论.徐震译.台北：黎明文化事业股份有限公司，1982：321.
② 宋林飞.西方社会学理论［M］.南京：南京大学出版社，2000：352.

甚至个别居民的危害行为。其特点主要表现为整体危害性,即社区冲突事件具有社区危害性,危及整个社区的利益,而且其危害后果往往是不可逆的。①

关于社区冲突的构成要素,桑德斯认为:冲突在任何一个社区中发生都和三个因素有关,即敌对的关系、不同的权利分配以及社区居民所承认的尖锐的情绪。桑德斯认为冲突是正常的,甚至还是人类经验的一部分,冲突的发生与社会变迁有着密不可分的关系。人们在研究社区冲突时,应该深切到地方社区与全国社会的密切关系。导致冲突的因素,常常来自于社区以外,而非来自社区内部突然爆发的一种冲突,虽然地方的因素也常有造成冲突的可能。②

如前所述,达伦多夫用"强度"与"烈度"来描述冲突的程度,强度是指"各冲突方面的能量消耗以及它们卷入冲突的程度"。具体指个人是否完全投入到一定的冲突中去,以及冲突规模的大小。烈度是指各冲突方用来追求他们的利益而采取的手段,包括从和平谈判到暴力行动等多种手段。衡量冲突强度和烈度的一个重要变量,是冲突的重叠程度。重叠性冲突,就是多种矛盾冲突都集中在一个社会群体成员身上,一般说来,冲突的重叠程度越高,冲突的强度也就越高。

在桑德斯看来,每个社会都有比较持久的、稳定的、经过良好整合的组织要素,因而形成了具有一致性和整合性的社会体系。从这个角度看,冲突显然是时有时无、多变、短暂的。但即使是在整合性比较强的社会关系中,也存在着对立关系,这种对立关系潜伏在整合性的关系中,随时随地都可能显现出来。社区也应该被视为一组社会关系的总合,从冲突的角度来研究社区,就是研究社区中的对立关系,通常是团体间的关系。此类关系,在不同的社区中表现的类别、

---

① 李伟梁.社区维权行动与社区工作的专业化.重庆社会科学[J].2005(03).
② [美]桑德斯.社区论.徐震译.台北:黎明文化事业股份有限公司,1982:321.

强度、频率都不同。[①]

2.5.2 社区的阶级差别与社区冲突

在谈到社区的阶级时,桑德斯首先区分了阶层、地位、阶级及阶级地位等概念。桑德斯认为,阶层一词乃是描述社会中出现了不平等现象,从而给人以阶层的感觉。处于同一社会阶层的人,就是在职责、成就及财产方面相似的一组人。社会地位或社会职位,实质上就是个体在某团体中的地位,以及个人的品质、成就和财产的评估。

桑德斯还指出,区分社区阶级的办法有两种。一是按照房屋的种类、居住的地区、职业及收入来源等客观资料,来评估个体的阶级地位。二是先认定该个体的价值观和认同感,再以此为依据来判断他在阶级结构中所处的地位。

桑德斯认为,不同的阶级有不同的行为特征。层次较高的阶级在社区事务中有较高的参与度。同时,这一阶层进教会的次数、所读的书报数目、参加的组织和担任的职务都比其他阶级的人多。另外,这个阶级非常现实,他们很清楚应该采用哪些手段才能进入更高一层的阶级中。相比而言,较低阶层的人对于所面临的困难常常缺乏想象力,他们不仅很少参与社区活动,而且宁愿牺牲自己也不愿意利用机会力争上游。

关于阶层之间的流动,桑德斯指出:流动的管道,就是职业与工作,企业家的能力、教育以及正当的结合与婚姻。对于向上流动的管道,如果有促进其关闭的事情,则应当被视为流动的障碍。而最主要的障碍有以下三种:第一,缺乏连续性的经济扩张,尤其是在工业就业中;第二,专业、商业及劳工团体,除了遭遇竞争之外还面对人员上的限制;第三,教育机会的限制以及缺乏力争上游必须获得的新知识

---

① 卜长莉.社区冲突与社区建设——东北城市社区矛盾问题案例研究.北京:社会科学文献出版社,2009年6月,第53页.

与技巧。如果缺乏这些垂直流动的管道,如果很多人都有改善一己之地位的强烈愿望,那么他们所能做的,不是修正自己的目标,就是要制造出能够威胁社会秩序的紧张。①

2.5.3 社区权利结构与社区冲突

桑德斯认为,权利在社区冲突的过程中占有重要地位。他指出,造成社区冲突的最根本原因是无权,而治疗无权的最有效办法就是对权力再分配。那些努力推进社区方案的人,即使他再有影响力,他的权力也应该受到种种的限制。桑德斯认为,如果能够了解权力和领导能力之间的关系,就能清楚地看出权力分配的情况,进而认识这种分配,并以此为依据来一窥权利层次的轮廓。

桑德斯将社区中的权力划分为六种类型:②

第一类权力是社区之关键领导者所拥有的权力。由于这些关键领导者的存在,社区游戏具有了交叉体系的特征。这些最高领袖是声望与某种权力体系的混合体,这种混合体可以超越党派体系的问题。

第二类权力是社区之有支配力人士所拥有的权力。一些社区研究者发现,那些最有经济支配力量的人士在社区政治与民众生活积极方向中的撤退,造成了权力的分裂。经济与政治两方面最有支配力量的人士在社区争论中常常扮演决策性的角色,因为他们与最有政治支配力量的人士保持良好的经济关系。如果一个人应用声望的技巧来鉴别最有支配力的人士,那么他所获得的结果就会支持这种假设:商业利益支配了地方政府,但是似乎没有一种阶级体系是将一种经济领袖列于其他领袖之上,或将商人列于政府领袖之上。在某些社区,成功的商人在社区决策中拥有很强大的支配力量。

第三类权力是社区之公职领导者所拥有的权力。公职领导者通

---

① 〔美〕桑德斯.社区论.徐震译.台北:黎明文化事业股份有限公司,1982,第373页.
② 同上书,第396页.

常是指管理地方机构的公职人员。他们通过日常执行的工作，有权力决定很多政策，在社区中也是如此。

第四类权力是社区之组织领导者所拥有的权力。社区中的组织领导者主要是社区中正式的团体决定者。社区中的各种计划和看法，常常来自于这些组织领袖，他们的身份决定了他们会竭力争取社区对各种计划的支持。

第五类权力是社区之有争论的领导者所拥有的权力。这类领导者通常由于其赞成或反对某种理由或提案，而拥有广大的支持者、或遭遇到很多的反对者。

第六类权力是社区之代言人所有的权力。社区代言人通常是指能作为社区群众代言人的那样一些领导者，他们常代表某一团体或某一部分人的利益，说出他们的想法或委屈。如果社区中一旦发生什么事故，这些作为代言人的领导者就负责沟通与说明，并扮演其他领袖很快就予以承认的角色。

在社区权力层次中，这六类人是如何获得权力的呢？桑德斯认为，他们与很多组织及个人发生关系，能协调或者管理利益相互冲突的团体，能使资源产生更大的效果，并利用他们所拥有的社会关系网络来获得权力。某些社区职位，都带有合法的权力，但这种权力也有一定的范围，他们仍然依赖于非正式的接触与某些人发生关系，通过社会关系网络获得多种重要的资源。拥有权力者对社区发挥影响力时，有很多微妙关系的存在，即在某一环境中存在的权力，在另一环境中未必能发挥相同的作用。

小结：社会冲突理论对研究社区冲突的启发

社会冲突理论研究为社区冲突理论的研究奠定了基础，从本质上来讲，社区研究其实也是一种社会研究。对国内外社会冲突理论和社区冲突理论的研究成果进行梳理，为我们认识和解决社区冲突提供了如下几点有益的启发。

1）要辩证看待社区冲突

社会冲突理论的主要代表人物如齐美尔、达伦多夫、科塞等都提到了冲突的不可避免性与冲突的正面功能。他们肯定了社会冲突的普遍性,认为冲突的原因植根于人类社会有机体各单位之间一种先天的敌对冲动,即人类行动者的先天生物因素。如:齐美尔认为,没有哪个社会组织是完全和谐的,"完全和谐"状态将会使社会组织缺少变化过程。冲突不仅是利益对立的反映,而是敌对本能的反映。如:科塞认为,冲突不仅是不可避免的,而且还是社会运行中的常态。这种对社会冲突的分析手法,对于正确认识社区矛盾和客观存在的社区冲突现象、解决不平衡问题、协调利益矛盾,提供了有价值的参考。

社区冲突作为社会冲突中比较微观的一种,更需要我们一分为二地来解读、看待。我们不能设想存在一个无冲突的社区,同样不能设想存在一个完全能够禁止个人之间、群体之间冲突和斗争的社区。一个健全的社区及其组成部分之间充满了纵横交错的冲突,冲突是社区生活中不可或缺的要素。

2）要将社区冲突置于社会冲突的背景之下进行考察。

桑德斯认为,任何一个社区中发生的冲突都与以下三个因素有关,即敌对的关系、不同的权利分配以及社区居民所承认的尖锐的情绪。而这些也是引发社会冲突的重要因素。如,齐美尔就肯定了社会冲突的普遍性,认为冲突的原因植根于人类社会有机体各单位之间一种先天的敌对冲动,即人类行动者的先天生物因素。冲突不仅是利益对立的反映,而且是敌对本能的反映。

社区,作为社会的一个重要组成部分,蕴含着社会冲突爆发的一切可能因子。所以在考察社区冲突之前,必先考察社会冲突,将社区冲突置于社会冲突的背景之下。

3）社会冲突理论为考察社区冲突提供了宏观的视角。

① 马克思的社会冲突理论为社区冲突研究提供了阶级冲突的视角。

马克思的社会冲突理论是建立在生产力和生产关系、经济基础和上层建筑这一社会结构基础之上的。而马克思尤其关注的是阶级冲突。在马克思看来,阶级存在的社会,阶级对立和斗争是冲突的主要形式,尤其是在生产力发展的前提下,会形成与生产关系的巨大矛盾,即以经济基础的形式与上层建筑发生矛盾,表现为被压迫阶级的革命以及统治阶级的镇压。正是坚持了阶级分析的观点,马克思才正确地揭示了阶级社会的本质及其产生冲突的真正原因。国内学者关于社会阶层和社区阶层的划分,都是基于马克思的阶级分析视角。本研究中关于社区阶层文化心理冲突的论述,也是基于马克思阶级分析方法的启示。

　　② 韦伯的多元冲突理论为社区权力研究提供了模型。

　　韦伯强调:冲突的缘起与政治权威合法性的缺失有很大的关系。他认为,如果被统治者撤销了政治权威的合法性,他们更有可能寻求冲突。在社会分层研究领域里,韦伯的理论是后来发展起来的各种经济社会地位测量方法的渊源,这些方法及其各种精心设计的社会经济地位量表,均是将收入、教育、职业等各种影响因素,通过相关系数的分析和加权的方法,测算出一个统一的分值,来描述社会分层的结构。这些都为我们分析社区冲突与社区权力的关系提供了模型。

　　③ 社会冲突理论为社区冲突研究中的矛盾划分指引了方向。

　　毛泽东的矛盾论认为社会主义社会主要存在两类矛盾:人民内部矛盾和敌我矛盾。人民内部矛盾产生的根源是生产关系和生产力之间、上层建筑和经济基础之间既相适应、又相矛盾的情况。为了达到正确处理两类矛盾的目的,毛泽东强调:首先必须严格区分两类性质不同的矛盾,然后再找出适当的处理方法。两类矛盾学说第一次创造性地提出了正确区分和处理两类不同性质的矛盾,为我们区分社区矛盾冲突问题提供了科学的标准。

　　④ 社会冲突理论为划分社区冲突类别提供了宏观的框架。

　　改革开放之后,国内学界将社会冲突问题划分为以下几个方面:

　　1. 物质利益冲突;

2. 阶层冲突；

3. 社会意识冲突。

对社会冲突类型的划分为我们研究社区冲突的类别提供了宏观的框架。

总之，对社会冲突理论及其内涵的梳理，有助于我们客观准确地把握社区冲突现象，科学地看待社区冲突对于社会变迁与社会发展的积极功能，帮助我们透过纷繁复杂的冲突表象认识转型时期中国社区冲突的实质，并在此基础上提出缓和、化解社区冲突的策略。社会冲突理论为我们认识社区冲突、解决社区冲突提供了必要的理论支持。

3 社区冲突产生的宏观背景

3.1 社会转型

"社会转型"一词源于西方发展社会学理论,是英语 Social Transformation 的中文解释,主要指社会发生的重大而深刻的变化。目前,它已渐渐成为人们理解当代社会发展的一个概念。社会转型概念有广义和狭义之分。广义的社会转型是指社会形态结构的变迁,狭义的社会转型概念指的是改革开放以来中国社会结构的变化,本书使用的社会转型概念是指狭义的社会转型。社会转型是社会基本矛盾演化的必然结果,体现着社会发展的客观规律,也是社会主体追求自身目的的结果。人类的文明程度越高,社会主体的主观能动作用对社会转型的影响也就越大。

改革开放以来,中国社会正在经历着重大社会转型的历炼。即在社会结构上,从农业的、乡村的和封闭的传统社会向工业的、城镇的和开放的现代化社会转变;在经济领域,从高度集中的计划经济体制向社会主义市场经济体制转轨,并以经济体制改革为基本驱动力。它不仅促使传统自然经济和计划经济向现代市场经济转变,即使单一封闭、僵化的计划模式向开放、有序、统一的市场体制转变,而且为政治体制、文化体制乃至整个社会生活方式的转型在客观上提出了要求并开辟了道路。在市场经济体制建立的过程中,必然存在一个利益结构重组的过程,各种利益主体之间的矛盾和冲突也不可避免;在社会政治生活领域,从权威控制为特征的权力过分集中的体制向建立在个人自由平等基础上的民主法治型转变,从浓重的私人感情和身份地位制约社会公务关系的人治社会,向由法律来调适和在法律面前人人平等的法治社会转变。当然,道德以其独特的作用方式还会对社会产生重要影响;在思想文化领域,从传统的、落后的单一文化向现代的、先进的多元文化转变。这不仅是政治经济发展的客观要求,更在于急剧变动的社会生活向社会文化的核心价值观念,提出了崭新的、不同以往的要求,从而使人们认真、深刻地反省和审视自身既有的价值观念,乃至变革它们以适应新时代的要求。

由于社会转型的理论准备和评价机制尚处于摸索阶段,理论与实践还很不协调,只是在发生了问题后才开始研究和解决。目前我国社会转型不仅速度快,覆盖面广,改革深度史无前例,而且难度也是前所未有的。这不仅表现为我国社会人口多,底子薄,经济相对落后,我国处在迟发展效应作用之下,处在不平等的国际经济格局之中,而最主要的是表现在我国社会转型的每一步都涉及到利益关系的调整,社会转型期比之常态社会的惯性运行呈现出更多的矛盾和冲突。由社会转型所引发的各类矛盾冲突最终大部分都由社区来承载和消化。

3.2 城市化背景下的征地与拆迁

城市化是人类社会发展的历史过程,中国的城市化与美国的高科技一度在学界被并列为影响 21 世纪人类发展进程的两大关键因素。[①]

城市化是中国社会结构转型的前提。城市化水平体现一个国家

---

① 刘江涛等著.城市边缘区土地利用规制:缘起·失灵·改进.北京:新华出版社,2005 年 5 月第 1 版,总序第 2 页.

经济和社会发展程度,是中国社会结构转型的前提条件,建设物质文明、政治文明、精神文明、生态文明协调统一,民本、民富、民主、民生的和谐社会主要路径依据城市化与工业化发展水平判断,城市化模式大致分为同步、过度和滞后等三种类型,我国属于滞后城市化国家。

中国城市化滞后特点是:起步晚,规模小,基础设施质量差,功能与竞争力弱,发展不平衡;发展速度快,未来潜力大;大城市人口增长快,城镇体系初步形成,城市首位度高;"后来居上"与"后发劣势"并存,整体处于城市初级化水平。

城市化(urbanization)的概念是 1867 年由西班牙工程师 A. Serda在其著作《城镇化基本原理论》中提出的,从那时起不同的学者根据不同的研究领域给出了不同的定义。国内学者高珮义认为:"城市化是一个变传统落后的乡村社会为现代先进的城市社会的自然历史过程。从世界总体上看,这一过程的起点是 18 世纪 60 年代的英国产业革命,终点则是整个人类社会彻底转变为一个现代先进的城市文明社会。展开来说,城市化的含义可以分为五个层次:

第一个层次是乡村不断地转化为城市并最终为城市所完全同化;

第二个层次是乡村本身内部的城市化;

第三个层次是城市自身的发展,即所谓'城市的城市化';

第四个层次是作为各不同学科领域研究对象的城市化,如人口城市化、地域城市化、景观城市化、工业城市化、生活方式城市化等等;

第五个层次是最抽象的城市化,即作为城市化整体运动过程的城市化。"[1]

在我国,包括乡村的城市化与城市的城市化在内的城市化进程始于鸦片战争。但是直到新中国成立后,城市化进程才有所改善,在

---

[1] 转引自廖小军著. 中国失地农民研究. 北京:社会科学文献出版社,2005 年 11 月第 1 版,第 32 页。

经历了五十年代的健康发展时期和六七十年代的迂回发展时期后，从改革开放起进入快速发展时期，"城市化水平由1978年的18.9%上升到2003年的40.53%，25年提高了21.63个百分点，年均上升0.86个百分点"，"到2020年，我国城市化水平可能达到50%左右。根据国际城市化进程的历史经验，城市化水平在30%—70%之间，是加速城市化时期，而我国目前城市化水平正处于30%这一加速点。"[1]

与城市化相伴而生的是无休止的征地和拆迁。征地和拆迁行为几乎在古今中外所有类型的社会中都存在，但是，在不同的国家、不同的时期，其具体的表现与特征却有所不同。

西方国家在其城市化进程中，虽然有征地拆迁，但这并未构成社会问题，因为西方国家的征地拆迁行为既要遵循十分严格的法律程序，又要以公平合理的补偿为前提，因此征地拆迁程序很少被启用。在西方颇为流行的"风能进，雨能进，国王不能进"的宪政寓言正说明了财产权对于人的神圣性。

在我国，随着城市化进程的快速推进，与农村土地征收、城市房屋拆迁有关的大量社会问题不断出现，学术界对征地拆迁及其问题的研究和讨论也逐渐展开并逐渐深化，特别是对征地拆迁所引发的社会矛盾冲突问题的研究更是保持了持久的关注，从经济学、社会学、法学、市政学等不同学科的角度做出了不同的回答。

一是经济学界关于农地产权问题的研究。经济学作为一门研究如何将有限或者稀缺资源进行合理配置的学科，主要是从我国农地产权制度的经济绩效及征地拆迁所带来的经济效果的角度解决现实中的征地拆迁矛盾。

陈明运用制度分析范式和现代产权经济学理论，考察了我国农地产权制度的变迁，认为我国农村土地家庭承包经营制度的产权结构存在如下缺陷：一是农地产权主体模糊，主要表现为"集体所有"和

---

[1] 林广、张鸿雁著.成功与代价——中外城市化比较新论.南京：东南大学出版社，2000年7月第1版，第204页.

"集体经济"概念上的模糊性、集体土地产权主体事实上的虚置状态及村民自治框架下村社组织的性质演变和功能异化；二是农地产权权能残缺，一方面集体作为所有者的权能残缺，另一方面农民作为使用者的权能残缺；三是农地产权稳定性差，表现在土地国家征占导致农地产权不稳定、土地集体支配导致农地产权不稳定、土地要素相对价格及功能变化对农地产权稳定性的影响；四是农地产权流动性弱；五是土地权属转移中农民利益受损；六是农地经营效率不高；七是农地产权的法律制度不完善。①

　　二是社会学界关于农民失地与失地农民的研究。社会学者把农民失地及由此产生的失地农民问题作为农村社区征地拆迁矛盾产生的主要原因，并主张从公平合理补偿、加强就业和社会保障等方面解决农村征地拆迁矛盾。

　　三是法学界关于"公共利益"界定问题的研究。法学作为研究调整人们行为的规则的学科，主要强调从明确公共利益的角度出发完善征地拆迁法律制度，化解征地拆迁矛盾。《宪法》第十条规定："国家为了公共利益的需要，可以依照法律规定对土地实行征收或者征用并给予补偿。"《土地管理法》第二条规定："国家为了公共利益的需要，可以依法对土地实行征收或者征用并给予补偿。"2007年颁布实施的《物权法》第四十二条规定："为了公共利益的需要，依照法律规定的权限和程序可以征收集体所有的土地和单位、个人的房屋及其他不动产。"可见，公共利益是国家进行征地拆迁的合法要件，然而，对于公共利益的范畴却没有明确的规定。

　　在公共利益模糊不清的情况下，侵权者得不到惩处，受害者得不到救济，正义得不到伸张，法纪得不到维护。

　　四是政治学界关于权力运用合法性问题的研究。随着地方政府违法违规征收土地、拆迁房屋的大量出现，有学者指出："中国的征地问题不仅仅是制度安排问题，更是政治问题，它和我国的行政体制直

---

① 陈明.农地产权制度与农民土地财产权利保护.江汉论坛.2004年第10期.

接相关。"在中国三十多年的改革历程中,每一"放权让利"举措的政策目标和实践后果之间的距离,已不容人们再忽视权力市场化的作用。目前征地拆迁行为中以强凌弱、违法强拆、使用专政、雇黑行暴、寻租腐败等不良现象突出,城市政府要树立正确的发展观和政绩观,限制行政权力在征地拆迁中的运用范围,建立征地拆迁补偿和利益分享机制,加强城市化过程中失地农民利益的保护,严格依法办事、实行文明拆迁。这些问题是农民土地权益受到侵害的主要原因。上述问题实质上均涉及到公共权力运用的合法性问题,减少征地拆迁矛盾就必须规范政府的征地拆迁行为,建立严格的权力监督制约机制。

总之,不同学科基于不同视角为我国城市化进程中的征地拆迁矛盾问题开出了不同的药方。由学术界对这个主题的关注程度可见由征地拆迁所引发的社区矛盾冲突是多么普遍和频繁。

3.3 社会利益分化日趋严重

从上世纪 90 年代中期开始,我国已进入收入分化、利益分化阶段,中国收入分配呈现出向上层集中、阶层收入差距扩大的趋势,社会分配不公越来越严重,贫富之间的差距已超过世界公认的警戒线。形成了以利益集团和强势阶层为主导的刚性利益配置机制。

中国的基尼系数从 1991 年的 0.282 发展到 1995 年的 0.388,1996 年则上升到 0.424,到 1998 年以后一直在 0.456 以上。其中 2000 年达到了 0.458,10 年上升了 1.6 倍。随着社会财富的都市化,加剧了城乡之间居民收入和地区之间居民收入的差距。5% 的富裕县与 5% 的贫困县人均 GDP 相差 16.4 倍。中国私有财富超过 96% 是由占 38% 的城市人口所有,且又集中在大都市并由占城市人口 8% 左右的人掌握;最贫困的 20% 家庭仅占有社会全部收入的 4.27%,而富有的 20% 家庭则占有全部收入的 50.24%。

与其他社会相比较而言,中国在过去短短的三十多年时间内,与经济快速发展一样惊人的是各种新的利益群体迅速出现和成形,并开始明显地左右着中国社会经济发展。与利益分化随之而来的，就是社会矛盾激化问题。① 阶层冲突、群体性事件等社会冲突都是利益分化所导致的直接后果。

3.4 民生建设步伐滞后

2007 年 10 月 15 日胡锦涛在《中国共产党第十七次全国代表大会上的报告》的第八部分详细阐述了要加快推进以改善民生为重点的社会建设。第一次将民生建设确立为政治目标，反映了党和国家将工作立足点定位为人民最关心、最直接、最现实的利益问题。

但是，总体而言，民生建设还有很长的路要走。举例来说，当前中国社会中各个阶层的边界逐渐清晰化，阶层间的流动性亦在减少，又由于不同群体利益诉求的集团性和内敛性使中国社会结构也开始趋于定型化，并出现了精英联盟的趋向，最终导致"上层寡头化、下层碎片化"的趋势。②

代表权力主体的政治精英、代表资本主体的经济精英和代表文化主体的知识精英，在"合法"地享受着社会主要经济成果的同时，在共同利益的驱使下，形成了具有相对稳定边界的社会统治集团，实现了所谓的"精英联盟"。权力精英利用国家权威通过财税体制强化社会财富的集中程度并主导着社会财富的分配。他们由于垄断了国家的权力资源，而在经济上成为了最主要的获利者。国家经济体制转轨出现了一个权力资本化时期，社会财富通过非公平的体制转移，使一部分人完成了资本的原始积累，成为了新生代资产者。全国将近500 万千万富豪中 90% 以上具有党、政、军干部背景。③

---

① 芬克. 社会冲突理论中的难题选择. 解决冲突的杂志[J]. 1968(12).
② 孙立平. 转型与断裂：改革以来中国社会结构的变迁[M]. 北京：清华大学出版社，2004.
③ 于建嵘. 转型中国的社会冲突——对当代工农维权抗争活动的观察和分析. 社会学视野网. 2008—03—11.

这就需要更加深化收入分配制度改革,从根本上改善我国目前在初次分配领域存在诸多的不公平现象,这是民生建设的头等大事。

3.5 群众利益诉求渠道不通畅

西方学者非常重视认同感在集体行动中的作用,甚至有学者认为构造集体认同感是任何一个社会运动成败的关键。[①] 而利益认同是集体行动产生和成功的动力。资源动员论、政治过程论等理论都将运动参与者的利益认同和理性选择作为集体行动产生的分析起点。在蒂利的动员模型中,运动参与者的利益驱动是一个集体行动能够成功的主要因素之一。从我国发生的大量集体行动来看,利益也是集体行动发生的主要推动力。抗议各级政府或基层政权侵犯财产权是当代中国底层群众起来反抗的核心问题,以经济利益为基本诉求的集体行动在目前的中国最为普遍。

当前,中国现有的群众利益诉求渠道主要是信访。但是,现行的信访体制不但难以适应人民群众利益诉求不断增加的形势,而且还经常性的操作失灵。

近些年来,各地由于群众利益诉求渠道不畅通,合法权益得不到应有保护而引发的社会矛盾不在少数,有的还酿成群体性事件。这些群体性事件的发生不是偶然的,参与群体性事件的群众,他们的利益诉求大多是合法合理的,涉及到他们最基本的生活条件和生存环境,涉及到他们最根本的利益。但是,这些利益诉求多次向有关部门反映之后,并没有得到及时有效的反馈和解决,群众利益诉求渠道不畅,最终导致了群体性事件的发生。正如中国人民大学毛寿龙教授所说,群体性事件发生的根本性原因在于个人无法找到协商机制和利益维护机制。

可见,畅通的利益表达渠道既是必要的社会安全阀,又是一种泄

---

① 赵鼎新.社会与政治运动讲义.北京:社会科学文献出版社.2006 年,第 153 页.

洪装置,有利于缓和冲突、保持社会稳定。各级政府只有坚持以人为本的理念,切实解决群众最关心、最直接、最现实的利益问题,才能真正取信于民。

中国的政治发展仍然是在威权政治的框架内运行,而市场经济产生了不同的社会群体利益,威权政治如何很好地调节这些利益,这也许正是目前解决中国利益冲突和社会危机的最深层次的制度性要求。因此,如何进行积极稳妥的政治改革也就显得十分重要。[①]

3.6 基层政府对群众权益的漠视

除了群众利益诉求渠道不通畅之外,地方基层政府长期未能提供应有的公共服务而积聚的不满情绪也是导致社会冲突的重要原因之一。部分地方基层政府过于强调自身的利益,将基层政府和基层领导的个人利益摆在高于群众利益的位置,漠视群众权益诉求,最终导致冲突甚至暴力冲突事件的发生。

中国当前的社会不满群体主要是一些社会底层群体,他们主要是下岗失业的工人、失地的农民、农民工、退伍复员军人、底层知识分子、拆迁居民、离退休干部。在这些不满中,司法腐败及司法不公是民众最大的不满。在一定意义上,社会不满是一种社会心理,这种社会心理具有一定的传染性。它通过一定的载体传播而与相同社会处境者产生共鸣。

从理论上讲,如果民众的社会不满长期得不到消解,就会产生国家政治合法性危机这一非常严重的后果。长期以来,政治动员是中央政府管治基层社会的重要手段。但随着市场经济的推行,这种动员的效力因社会利益的分化和社会不满的增强正在逐渐消失。而在目前中国这样自上而下的压力体制下,基层政权为了完成上级分派

---

① 于建嵘.中国的社会泄愤事件与管治困境.当代世界与社会主义.2008 年第 1 期.

的各项任务及众多的一票否决指标,就不得不采用强化政权机器等手段来填补社会动员资源的缺失,基层政府及干部的行为出现强制性暴力趋向。事情发生后,地方政府认为首先要做的就是封锁消息。因为在他们看来,只有封锁消息才不会造成所谓的政治和社会影响。要从根本上改善这种状况,必须加强基层政府的依法行政能力,提升基层政府领导的公仆意识、责任意识和服务意识。①

3.7 社区概念在中国的变异与社区建设的政治化

3.7.1 社区概念起源:西方学者的认知

1887 年,滕尼斯发表了《社区与社会》。该书不仅开创了社会学社区研究的先河,更使滕尼斯成为社区理论毫无争议的奠基人。在《社区与社会》中,滕尼斯将社区与社会进行了区分。他指出,社区是人们在共同的情感和价值观引导下,依据自己的自然意志、基于家庭和亲属、经由邻里发展而成的共同体。在这一共同体中,人们之间是守望相助、密切但又相对狭隘的生活关系。而社会是工业资本主义的产物,它是以契约为联结机制、充满感情中立与个人主义的异质性社会,其人际关系完全建立在理性意志之上,即如他所言:"在共同体里,尽管有种种的分离,仍然保持着结合;在社会里,尽管有种种的结合,仍然保持着分离"。② 对此,费孝通总结说"前者是礼俗社会,后者是法理社会"。③ 滕尼斯的社区定义将社区作为一种类型而不是一种实体与现代社会相对立;他主要强调的是情感归属与传统认同,并不强调地域特征。

随着《社区与社会》被翻译成英文,社区研究开始在美国兴起。以帕克为首的芝加哥学派及其人文区位学,将社区由一种类型学概

---

① 于建嵘. 中国的社会泄愤事件与管治困境. 当代世界与社会主义. 2008 年第 1 期.

② 斐迪南·滕尼斯. 共同体与社会[M]. 北京:商务印书馆,1999.

③ 费孝通. 乡土中国[M]. 北京:生活·读书·新知三联书店,1985.

念转变为一个实体研究单位、一种研究方法以及社会学一个新的研究分支。① 帕克在讲到社区特征时提到:社区的特征之一是"占据了一块或多或少被明确限定了的地域上的人群汇集"②。对社区地域性特征的研究从此逐渐加强。

在芝加哥学派及其人文区位学兴盛之时,林德夫妇于 1929 年出版了《中镇:一项美国文化研究》。中镇研究的主要内容可以概括为两个方面,一是详细记录了中镇的社会生活面貌,二是深入展示和分析了工业化对城镇社区生活变迁所产生的影响。中镇研究具有划时代的意义,这本书被认为是社区研究最著名的经典。它开创了社区研究中的综合研究形式,即描述社区的各个不同部分并解释这些不同部分的相互关系。③ 沃特伯格(Wattenberg)这样评价《中镇》:"它描绘了所谓'典型'美国社区的全身肖像:它的公民不仅思考宗教,而且考虑家庭、性、政治、收入和犯罪。这个国家当时正值滚动的高潮,在核心地带,林德夫妇发现了一种普遍向上的社区精神。"④

随着西方学术界对社区研究的日益深入,社区内涵不断丰富,学者们对于社区的界定也随之出现了多元化倾向。根据 1955 年美国社会学家 G. A. 希勒里(G. A. Hillery)的研究,有关社区的定义多达 94 个。"除了人包含于社区这一概念内之外,有关社区的性质,没有完全相同的解释。"通过归纳分类和统计分析,他认为大多数社会学家认为社区应当包括社会互动、地理区域、共同关系这三个特征。⑤

① 杨敏.中国社会转型过程中社区意涵之探讨.武汉大学学报(哲学社会科学版)[J].2006(06).

② Lyon,Larry. The Community in Urban Society[M]. Philadelphia:Temple University Press,1987:5.

③ 章立明等.社会科学的新发展:社会学与人类学的兼容与贯通.人大复印资料《社会学》[J].2007(03).

④ 夏学銮.中镇和江村:中外社区研究比较——费孝通社区研究探微.学习与实践[J].2008(07).

⑤ 夏建中.现代西方城市社区研究的主要理论与方法.燕山大学学报(哲学社会科学版)2000(02).

到了 1981 年,美国的华人学者杨庆堃发现,西方学术界有关"社区"的定义已经增加到 140 多种。

虽然对社区的定义众说纷纭,但总体来看,西方学者关于社区的认知归纳起来不外乎两大类:一类强调具有心理认同和情感归属的实体或类型;另一类是强调地域范围中的社会互动。

3.7.2 国家权力介入:社区概念在中国的本土化嬗变

西方学者关于社区的研究成果对中国学者产生了深远的影响。

吴文藻早在 1935 年就撰文《现代社区实地研究的意义和功用》,指出了社区在社会研究中的重要地位,并刊于 1935 年《社会学研究》第 66 期。他说:"社会是描述集合生活的抽象概念,是一切复杂的社会关系全部体系之总称。而社区乃是一地人民实际生活的具体表词,它有物质的基础,是可以观察得到的……社区至少要包括下列三个要素:(1)人民;(2)人民所居处的地域;(3)人民生活的方式或文化。"

费孝通指出:"以全盘社会结构的格式作为研究对象,这对象不能是概然性的,必须是具体的社区,因为联系着各个社会制度的是人们的生活,人们的生活有时空坐落,这就是社区。"[1]他还说:"在西方经典社会学理论中,人们往往把社区与社会对立起来看,这个对立主要反映在人们建立关系的方式上的不同:社会是以个体性的目的、利益为基础的,社会成员之间合作的主要纽带是契约、交易和计算关系,这些关系的制约通常是依据正式法律;而社区则是以认同的意愿、价值观念为基础的,血缘、邻里和朋友关系是社区成员之间合作的主要纽带,对其成员行为的控制通常是依据传统、习惯或乡规民约。"[2]

从吴文藻和费孝通对社区的界定可以看出,中国早期的社区研

---

[1] 费孝通.乡土中国[M].北京:生活·读书·新知三联书店,1998:91—92.
[2] 费孝通.关于当前城市社区建设的一些思考.上海改革[J].2000(09).

究基本上承袭了滕尼斯的社会—社区二分法与芝加哥学派的人文区位学传统。同时又受到马林诺夫斯基等人的影响,将功能主义人类学融入到社区研究中,形成了自己独特的社区研究理论,试图通过社区研究来考察整个中国社会,被马林诺夫斯基称作"现代中国社会学派"。

从"文化大革命"结束,至20世纪80年代初恢复社会学研究再到80年代末,中国社会学界关于社区的研究依然体现了中国早期社区研究的观点。

1987年,由于民政部首先倡导在城市开展以民政对象为服务主体的社区服务,社区概念第一次进入中国政府的管理进程,社区内涵从此发生了变化。

1991年5月,时任民政部部长的崔乃夫明确指出,城市基层组织建设应该着重抓好社区建设。

1996年3月,江泽民总书记在参加八届人大四次会议上海团的讨论时指出,"要大力加强城市社区建设,充分发挥街道办事处和居民委员会的作用"。

从此,中国社会拉开了社区建设运动的大幕。社区建设在全国蓬勃开展,并成为一股强劲的社会潮流,在一些大城市,"社区"甚至成为居民的流行语。

2000年11月,民政部下发了《关于在全国推进社区建设的意见》,《意见》对社区和社区建设的概念做了规定,指出:社区是指聚居在一定地域范围内的人们所组成的社会生活共同体。目前城市社区的范围,一般是指经过社区体制改革后作了规模调整的居民委员会辖区。社区建设是指在党和政府的领导下,依靠社区力量,利用社区资源,强化社区功能,解决社区问题,促进社区政治、经济、文化、环境协调和健康发展,不断提高社区成员生活水平和生活质量的过程。《意见》对社区的定义完全是社会学意义上的社区定义,但是关于社区范围与社区建设的界定则更接近中国社区内涵的本相。在中央的指示下,社区建设步入了整体推进、全面拓展的发展阶段。但是,在这个阶段,"社区"停留在解决基层稳定和巩固基层政权的层面,社区建设的空间也基本定格在街道和居民委员会的所辖区域即街区。

2002年,在十六大会议上,江泽民在报告中明确提出,健全基层自治组织和民主管理制度,完善城市居民自治,建立管理有序、文明祥和的新型社区。

2005年2月19日,胡锦涛总书记在中央举办的省部级主要领导干部"提高构建社会主义和谐社会能力专题研讨班"上指出,"我们所要建设的社会主义和谐社会,应该是民主法治、公平正义、诚信友爱、充满活力、安定有序、人与自然和谐相处的社会"。为此,民政部部长李学举号召要在全国大力推进和谐社区建设,并对和谐社区的概念做了界定,他说:"我们所要建设的和谐社区,应当是居民自治、管理有序、服务完善、治安良好、环境优美、文明祥和的社区。"

可见,与西方发达国家或一些发展中国家的社区比较而言,中国社区有着明显的独特性。首先,中国城市社区不是自然形成的,而是在行政区划关系上建立起来的,是城市行政区划或城市行政管理的延伸。其次,虽然通过行政设置把特定范围内的人群划定在行政边界明显的场域中,使中国城市社区表面上有了社区的"区域性"特点,但区域性主要是居住关系,而不是感情关系和交往关系。目前中国社区的内涵已经偏离了滕尼斯以来西方学界对社区的界定,同以滕尼斯为代表的西方社区理论所理解的社区有着本质的不同。中国城市社区既不是滕尼斯所讲的社区,也不是他所讲的社会。"理想型社区"已经被一种政治功利主义所统治的"现实型社区"所取代,社区发展失去了我们所希望的与发育市民社会的相关性,而成为政治社会的附庸。① 如果一定要对中国城市社区做个界定的话,那么应当说它是在特定场域中存在的社会。②

---

① 雷晓明. 市民社会、社区发展与社会发展——兼评中国的社区理论研究. 社会科学研究 [J]. 2005(02).
② 刘少杰. 新形势下中国城市社区建设的边缘化问题. 甘肃社会科学[J]. 2009(01).

总之,由于国家权力的介入,2000 年之后,社区概念逐渐被政治化。国内社区研究文献在研究内容和研究旨趣上出现了明显的转变。原本井然有序、尽在国家掌控之中的城市空间开始分化,社区这个似乎浑身散发着魔力的词语得到官方的青睐,被征用为城市基层行政管理单位,以使模糊的城市空间重新清晰化。这一时期的社区研究基本上围绕国家推出的社区建设运动而展开,研究的目标由传统的乡村社会转向城市空间,研究的旨趣由探讨社区内的社会结构、文化模式以及社区与社会之间的关系转向如何构建一个民主自治的社区。①

小结:后单位社会中的城市社区:中国政治建设的战略性空间②

　　新中国成立后,单位体制在全国城市社会范围内的普遍确立,堪称中国有史以来规模最为巨大的"空间重组",这既包括城市"地理空间"的变化,也包括社会关系和社会控制体系的重构。而单位和社区在城市地理空间上的高度重合则直接导致了"单位办社区"的格局。

　　单位制作为一种社会整合形式,在新中国成立之初的社会形势下的确发挥过积极的作用。但是 20 世纪 80 年代以来,计划体制之下的单位制在发展过程中不断暴露出其自身的弊端。单位社会的发

---

① 杨敏. 中国社会转型过程中社区意涵之探讨. 武汉大学学报(哲学社会科学版)[J]. 2006 (06).

② 林尚立教授曾撰文提出"社区是中国政治建设的战略性空间"。他认为:社区所以成为中国新时期政治建设发展的战略性空间,主要基于两个方面:一是社区日益成为新时期中国社会结构的基本单位;二是社区的功能和作用在不断扩展。然而,这种战略性空间不是现存的,需要有效培养、发展和开发。虽然社区是中国政治建设的战略性空间,但并不等于说,社区民主就是中国政治民主建设的唯一途径。不否认社区民主建设在中国政治建设中所具有的重要地位和作用,但是这种地位和作用只有在中国政治民主形成整体发展态势下才能真正形成,并发挥有效作用。所以,中国政治民主化必须有社区民主建设和发展的支撑和推动,但并不因此完全依赖于社区民主建设。

展趋向及命运,成为学术界关注的热门话题。学者们普遍认为,单位社会是一种被"制度锁定的社会"、"丧失活力的社会"、"平均主义的社会"。以单位行政化手段为主的管理模式难以适应新建社区的管理要求。

田毅鹏教授使用"终结"一词来概括转型期中国单位社会变动的性质和结局。他认为单位社会的终结不是指具体的作为职场的"单位组织"的终结,而是说传统的单位组织所赖以存在的那个宏观社会管理体制发生了巨大的变化,已逐渐被一种新的社会管理体制所替代,由此作为"职场"的单位组织之自身的结构、功能也发生了许多重大变化。并指出"单位社会"之走向终结,是近年来中国社会最具根本性意义的转变。[①]

赵定东教授则从单位社会与后单位社会的视角出发,对后单位社会的内涵做了界定。他认为:就中国社会资源配置的逻辑而言,单位社会与后单位社会是两种完全不同的形态。"后单位社会"作为学术话语是相对于单位社会而言的,但它不是单位社会的后续,也不是单位社会终结后的自然延续过程,因此它不只是一个时间概念,而是一种新的社会类型。[②]

在单位制解体之后的后单位社会中,市场经济发展与社会发展严重脱节,传统的政治性社会管理和控制方式面临极大困难和挑战。城市社会管理职能开始从单位流向社会,国家开始直接面对社会。出于对传统管理模式的路径依赖,国家对社会的焦点最终落在最基层的行政区划单元——社区之上。社区成为社会主义市场经济条件下中国社会的重要组织单位,成为基层党组织建设和发展的主要社会空间,成为党组织社会、整合社会、动员社会,从而实现有效领导和执政的重要工作平台。"单位办社区"的格局被逐渐打破。社区管理

① 田毅鹏、吕方. 单位社会的终结及其社会风险. 吉林大学社会科学学报[J]. 2009(06).
② 赵定东、雷天怡. 棚户区改造中的社会资源配置逻辑与机制. 社会科学战线[J]. 2009(09).

逐渐成为替代传统政治社会管理模式的新途径。

如果说 20 世纪 80 年代中期,民政部提出社区建设时,其初始目的是用社区服务来承接单位制解体后溢出的各种保障功能,借此把社区建成党和国家维持社会秩序的"抓手"的话,那么到了 2000 年之后,社区已经被建构成了具有严格边界的政治空间,并成为政治学、公共管理学和社会学研究的热点,但是这一时期关于社区的研究基本上都是围绕着国家推出的社区建设运动而展开的。从这个意义上来讲,社区建设是国家为了加强基层政权建设、改革城市基层管理体制的重要思路和重大举措而提出来的。其核心已经不是社区服务,而是管理体制的创新。社区制的政治使命更加突出。

正如林尚立教授所言:"社区发展给中国社会结构形式所带来的变化,不仅有深刻的社会意义,更有深刻的政治意义。因为,在中国社会,这些变化将对政治产生两方面的深刻影响:一是国家权力通过单位组织来控制经济、社会与意识形态的能力,将随着单位组织结构和功能的变化与式微而逐渐减弱,相应地,政治决定经济与社会的格局将逐渐被经济与社会发展决定政治的格局所取代;二是面对新的社会结构和社会组织方式,国家必须建立以社区为基本单位的新的社会调控、整合和沟通体系,并应努力把社区转化为国家政治建设和政治发展的积极资源,从而全面保持国家与社会的协调。……在新世纪中国政治发展中,社区正逐渐成为中国政治建设的战略性空间。为此,新世纪中国政治建设应积极开发这个重要的战略性空间。"[1]

在国家的视野下,"社区"始终是国家管理社会的基础,虽然国家有时也会强调社区居民、市场力量以及民间组织参与社区建设的必要性,但国家权力在社区中的支配地位始终是绝对的,其他力量只扮演国家力量的附属角色,社区制与单位制并没有质的差别。[2]

---

[1] 林尚立. 社区:中国政治建设的战略性空间. 毛泽东邓小平理论研究[J]. 2002(02).

[2] 李友梅. 国家在城市社区建设中地位和作用的变迁. 改革开放三十年国际学术研讨会发言摘要. 社会学视野网,2009—08—09.

4 社区冲突的类型与特点

4.1 社区冲突的类型

社区冲突错综复杂,但是可以从不同视角和层面对其进行大致分类。

4.1.1 物质利益冲突与非物质利益冲突

从社区冲突产生的根源来看,可将社区冲突分为物质利益冲突与非物质利益冲突。

1) 物质利益冲突

利益是"社会化的需要,是人们通过一定的社会关系表现出来的需要"。① 利益冲突是不同的利益主体之间在争取利益过程中产生的差异、对立、分歧、排斥、抵触等不协调的矛盾现象。从本质上看,任何一种需要或需求都是对利益的需求。从利益主体一元化到利益主体多元化,从利益均等化到差距扩大化,这是当前社区利益关系分化调整中出现的必然现象。差别本身就是冲突,利益差距必然导致利

---

① 马克思、恩格斯. 马克思恩格斯全集(第三卷),北京:人民出版社,1960,第31页.

益冲突。[①]

城市社区中的物质利益冲突主要包括：业主与物业管理公司、房管部门的矛盾冲突；社区服务与社区经济方面的矛盾冲突；失业下岗人员社区就业及家庭矛盾问题；社区保障不完善引发的矛盾问题等。

这类矛盾中比较突出的是业主与物业管理公司的矛盾冲突。

随着中国住房体制改革的深化，尤其是二十世纪后五年，政策的引导、市场的繁荣、科技的进步、现代管理水平的提升，我国住宅产业得到了突飞猛进的发展，城市居民的中产阶级化，伴随了物业管理行业作为一个"朝阳产业"日益受人关注。物业管理属于服务行业，服务是物业管理的基本职能。由于住宅小区中的业主在性格、年龄、生活习惯、文化程度、职业、收入水平等各方面的差异，所以他们对服务的需求也就不同。

社区中出现冲突的关系方有：单个业主之间、单个业主与业主公益之间、房地产商与个别业主之间、房地产商与全体业主之间、物业公司与个别业主之间、物业公司与房地产商之间、物业公司与全体业主之间。

2）非物质利益冲突

主要包括社区组织不健全引发的冲突与社区外来流动人口引发的冲突。这类冲突中，比较突出的是居民委员会角色错位引发的社区冲突。

《城市居民委员会组织法》规定，居民委员会是居民自我管理、自我教育、自我服务的基层群众性自治组织，是中国人民民主专政和城市基层政权的重要基础，也是党和政府联系人民群众的桥梁和纽带之一。在《居民委员会组织法》第二条第二款还明确规定："不设区的市、市辖区的人民政府或者它的派出机关对居民委员会的工作给予指导、支持和帮助。居民委员会协助不设区的市、市辖区的人民政府

---

① 杨清涛：试析新时期人民内部矛盾的产生根源，河南大学学报（社会科学版）1998 年第6 期.

或者它的派出机关开展工作。"可见,居民委员会和政府的关系是十分密切的。在中国的城市地区有 4 亿多居民通过这一制度直接行使宪法赋予的自治权和民主管理经济、文化和社会事务的权力。

长期以来,居民委员会主要承担着政府下沉到社区的工作,自治、服务功能尤显苍白。居民委员会和现代老百姓的生活游离得比较远,无法渗透到社区生活当中去,在很多方面难以代表居民,反映不了老百姓的要求。不少居民委员会把自己视作政务机关,把居民委员会事务视作为"政务"。不少居民委员会工作者总是以居高临下的思维方式来开展工作,形成简单的从上往下贯彻政府意图的思维方式。而很少将居民的意图和需要作为其开展工作的考虑基点。工作起来只是跟着相关政府部门亦步亦趋,而不懂得从居民的实际需要出发和长远发展需要来进行一些创造性的、有自身特色的工作。这样的思维与其功能上的行政化倾向和角色上的干部化倾向相互作用,使居民委员会的日常工作必然偏离其为社区居民服务的目标。

居民委员会人员的角色错位,必然造成其工作方法上的错位。居民委员会作为群众自治组织,它在本质上是服务型的,而不是管治型的;是自治型的,而不是强制型的。所以,居民委员会在工作方法上应该是和居民之间进行平等协商,在互相理解、互相信任的基础上进行工作。而不能像国家行政机构一样,采取行政命令的方式开展工作,更不能把政府机关的一些形式主义作风带到日常的工作中。居民委员会在其工作中所出现的错位问题,究其深层次的原因主要有两个方面:一是居民委员会本身的人员结构、运行体制不适应现实的社会生活。比如说,近年来有大量的劳动力进入到社区中,逐渐形成了社区中的劳动力市场,对这些劳动力市场的规范和管理理应成为居民委员会的职能之一,而现行的居民委员会体制和居民委员会的人员素质却无力承担起这一项工作;二是我国法律法规中对于居民委员会的职责功能规范不够细化,使其职能界定不清,这就为各级政府部门将居民委员会当作其行政事务的操作层和落实层留下了可操作的空间。[①]

4.1.2 对抗性冲突与非对抗性冲突

以冲突的强度为依据,可将社区冲突分为对抗性冲突和非对抗性冲突。

对抗性冲突与非对抗性冲突反映了两类不同性质的冲突的哲学范畴。社会生活中复杂多样的冲突,按其性质不同,可分为对抗性的和非对抗性的两种类型。

1)对抗性社区冲突

对抗性冲突是指冲突双方在根本性质和根本利益上互相敌对、不可调和的冲突,其斗争形式一般表现为剧烈的外部冲突。在阶级社会中,剥削阶级和被剥削阶级的根本利益对立,其冲突的性质是对抗的。一般要通过双方的激烈斗争和剧烈的外部冲突的形式加以解决。

如前所述,社区是社会的缩影。社会中频发的群体性事件难免波及到社区,为社区稳定敲响警钟。随着我国经济社会深度转型,社会阶层逐渐分化、利益主体日益多元,因分配不公、利益调整失当引发群体性冲突,已经威胁到和谐社区的构建和基层政权的稳定。

居民参与社区群体性事件,多数是因切身利益或相关利益受到了损害,而在他们维护权益、要求调整利益过程中,现有的诉求反馈机制失灵,正常有效的利益协商、调整机制缺失,导致其诉求无法通过正常的渠道得到满足,这时极易采取群体性对抗的方式。目前城市社区中的对抗性冲突主要是由拆迁引起的居民与当地政府部门的对抗。如甘肃陇南"11·17"事件,起因于陇南市武都城区及东江镇拆迁户担心陇南市行政中心搬迁后,其住房、土地利益及个人生计得不到保障。拆迁户曾多次找政府反映问题,但始终得不到放心的答

---

① 隋玉倩. 对中国城市社区自治组织——居民委员会定位的再认识. 福建行政学院福建经济管理干部学院学报[J]. 2002(2).

复和解释,最终在集体上访过程中演变为上千名群众参与的暴力冲突,造成干群数十人受伤,党政部门100多间房屋、22台车辆被砸烧。这并非是体制梗阻所致,而是因对掌握权力的人的监督缺失纵容了掌握权力的人对群众利益诉求的漠视所导致的群体冲突事件。

在11月17日上访群众开始大规模聚集后,陇南市有关部门负责人要求上访群众按照信访条例有序地反映自己的诉求。但一些拆迁户表示,他们就是想见市委主要领导,听一听对行政中心搬迁是什么样的考虑,如何保障他们将来的生活,不是看什么信访条例。很多上访群众表示,如果有关领导尽早出面对话、协商、解释疏导,事态的演变可能就不会像现在这样。

2) 非对抗性社区冲突

非对抗性冲突是冲突双方在根本利益一致基础上的冲突,一般不表现为剧烈的外部冲突,即不表现为对抗的形式。

党的八大提出,国内的主要冲突不再是工人阶级和资产阶级之间的冲突,而是人民对于经济文化迅速发展的需要同当前经济文化不能满足人民需要的状况之间的冲突。党和国家的根本任务,就是要大力发展生产力,把我国尽快从落后的工业国变为先进的工业国。毛泽东指出,正确处理人民内部冲突的目的是为了调动一切积极因素,"以便团结全国各族人民进行一场新战争——向自然界开战,发展我们的经济,发展我们的文化,使全体人民比较顺利地走过目前的过渡时期,巩固我们的新制度,建设我们的新国家"。"我们的根本任务已经由解放生产力变为在新的生产关系下面保护和发展生产力。"① 可见全党包括毛泽东在内,对于当时社会主要冲突的认识是基本一致的。但是,由于党在指导思想上发生了"左"的错误,重提"以阶级斗争为纲",否认了对八大关于主要冲突的论断。直到十一届三中全会纠正了把阶级冲突作为主要冲突的错误判断,决定把全党工作中重点转移到社会主义现代化建设上来,实际上恢复了八大关于

---

① 毛泽东.毛泽东著作选读(下册)[M].北京:人民出版社,1986:766.

社会主要冲突的思想。

十一届六中全会以历史决议的形式指出,社会主义改造基本完成以后,我国所要解决的主要冲突是人民日益增长的物质文化生活需要同落后的社会生产之间的冲突。十三大报告明确指出,这个主要冲突就是我国社会主义初级阶段的主要冲突。这就决定必须把经济建设作为一切工作的中心。"抓住了这个主要冲突,一切问题就迎刃而解了。"[①]揭示社会主义初级阶段的主要冲突,是制定各项方针、政策,推进改革和谋划发展的客观依据。现阶段,我国仍处于并将长期处于社会主义初级阶段的基本国情没有变,人民日益增长的物质文化需要同落后的社会生产之间的冲突,这一社会主要冲突没有变。"增强我国综合国力,进一步提高人民物质文化生活水平,要靠发展;解决我国经济和社会生活中的各种冲突,维护社会稳定,促进社会和谐,要靠发展;解决我们前进道路上的冲突和问题,要靠发展;实现中华民族伟大复兴,最根本的还是要靠发展。"

当前中国城市社区冲突的数量较大,不可能全都通过司法审判形式去解决。社区中的冲突绝大多数都属于非对抗性冲突。一般可以通过协商、调解等手段解决。通过社区自我调解方式解决社区冲突,也应该成为处理和解决社区冲突的重要途径。早在 1957 年,毛泽东同志在《关于正确处理人民内部冲突的问题》一文中就指出:"凡属于思想性质的问题,凡属于人民内部的争论问题,只能用民主的方法去解决,只能用讨论的方法、批评的方法、说服教育的方法去解决,而不能用强制的方法去解决。"[②]

研究对抗性冲突与非对抗性冲突,既要注意它们的根本区别,又要注意它们的联系和在一定条件下的互相转化,非对抗性冲突如果处理不当,很容易就转化为对抗性冲突。所以,运用和发展毛泽东关

---

① 雷国珍. 再论毛泽东正确处理人民内部冲突理论与构建社会主义和谐社会. 湖湘论坛 [J]. 2008(01).

② 毛泽东. 关于正确处理人民内部冲突的问题. 北京:人民出版社版,1957,第6页.

于正确处理人民内部冲突的思想和方法,是化解非对抗性社会冲突、构建社会主义和谐社区的重要法宝。目前上海城市社区中,社区调解已经发展得比较成熟,"能调解的矛盾,就要想办法不让它升级到仲裁或打官司"。如上海市徐汇区劳动仲裁部门将多起劳资纠纷案委托给虹梅、田林等社区工会,尝试和社区工会通过就地调解共同化解矛盾,争取新出现的矛盾纠纷或冲突不出社区就能得到解决。

4.1.3 城市社区冲突与农村社区冲突

从冲突发生的大致地域来看,可将冲突分为城市社区冲突与农村社区冲突。

1) 城市社区冲突

城市社区矛盾冲突问题可以划分为以下七个方面:[①]

第一,政府与社会、政府与非政府组织之间发生的矛盾冲突问题。

在计划经济体制下的政府管理体制中,政府与社会的关系是按照"强政府、弱社会"、"强政府、弱公民"的模式建构起来的。公民遇到困难或者是权利受到损害,主要是政府主持公道,制定保护他们利益的政策。政府权利的触角延伸到社会的每一个角落。经过三十多年的改革开放,社会权利结构发生了快速变迁,在政企分开、政事分开、单位人变成社区人的情况下,由于地方政府、社区和其他社会组织的力量还不够强大,还不能进行有效的社会协调和社会管理。当居民权利受损,甚至与其他社会利益群体发生激烈摩擦和冲突时,往往得不到政府、社区或其他社会组织提供的社会支持,必然导致政府与社会、政府与非政府组织之间矛盾冲突的发生。

第二,房主与房管部门及物业间的矛盾冲突问题。

在计划经济时期,中国的住房体系以建立在单位制基础上的住

---

① 卜长莉. 社区冲突与社区建设. 社会科学文献出版社,2009.

房公有、实物分配、租赁制为主要特征。国家借助地方政府和单位垄断了住房的投资、建设、分配、管理和维护。住房的管理主要由各个单位管辖,单位将住房低价租赁给职工,并免费维修。

伴随着住房体制改革和新兴商品住宅小区的兴起,城市居民的住房从福利变成了商品,从分配变成了购买,从国家财产变成了私人财产。财产结构的变化,一方面使城市居民主体意识觉醒,另一方面也使房屋由原来的政府或单位部门的行政管理转变为商业化、社会化的社区管理。由于体制不健全、服务不到位、管理人员素质普遍不高,再加上一些业主服务消费意识差、收费难等因素的影响,导致物业与业主之间常常发生矛盾纠纷。业主委员会由于缺乏相关法律知识和实践经验,在其权利遭受侵犯,特别是通过司法途径和行政途径无法得到帮助时,常常转而采用非理性的行为,使业主与房管部门及物业间的矛盾冲突问题经常发生。

第三,社区服务和社区经济方面的矛盾冲突问题。

在计划经济体制时期,中国城市居民的基本生活服务都是由其所在的单位提供的。城市基层社会被纳入了单位制组织管理体制中,企业不仅是生产经营单位,更承担了社会的职能。

改革开放以来,企业转换经营机制,追求经济效益增强竞争力,改变企业办社会的现象,将其承担的过多的社会服务职能外移给社会,在这种力量的驱动下,社区服务作为一种替代性的制度选择就应运而生。

传统的社区服务具有福利性与政府主导性,无偿服务需求比重较大,受政府财力的限制,社区服务的质量难以提高。这就迫使承担社区服务职能的主体不得不自谋出路,自求发展,以服务养服务,从而走上社区经济发展的道路。总体而言,目前的社区经济尚处于初级阶段,存在很多矛盾冲突问题。

第四,社区保障不完善引发的矛盾冲突问题。

我国的社会保障管理体制,在计划经济时代,实行的是一种国家——单位型的管理模式。这种社会保障和管理模式的主要特点就是行政化和单位化。政府除了负责无单位生活困难人员的社会救济之外，其余的有单位的人员则由单位负责。这种社会保障管理与服务的最大弊端是效率低下，严重阻碍了企业的发展。

改革开放之后，随着企业转制，我国的社会保障体制也发生了变化，并逐渐呈现出国家——社会型社会保障模式的特点。另外，伴随着经济的多元化，私营从业人员越来越多，建立社区社会保障就成为完善我国社会保障的必然选择。目前中国城市社区的社区社会保障还很不健全，原有的社会保障职能使社区中的弱势群体维持较低的生活水平，当一些城市居民生活水平下降或者感受到了严重的相对剥夺时，必然在社区中产生矛盾冲突问题。

第五，由拆迁所引发的社区冲突。

2）农村社区冲突

相对于城市社区来讲，农村的社区冲突虽然相对简单，却也为我们研究中国社区的发展提供了宝贵的经验。正如孟德拉斯所说："农村给社会学家提供了一种实验室，那是收集了很多可供进行多种不同分析的自发性实验，地方情况的多样性和诸种个体条件的统一性使我们可以进行系统的比较，就像在真正的实验中那样，每个变量都可以被分离出来，快速的演变使得那些在一般演变中由于缓慢和错综复杂的情况而常常被掩盖了的运行机制与变化机制显露的一览无余。"①

中国的农村社区非常类似于滕尼斯所使用的概念gemeinschaft，这个概念通常被中文译为"礼俗社会"。礼俗社会的特征是"亲密无间的、与世隔绝的、排外的共同生活"，其成员由共同的价值观和传统维系在一起，他们有共同的善恶观念、有共同的朋友和敌人，在他们中间存在着"我们"或"我们的"意识。

20世纪80年代上半期，家庭经营制度普遍建立，农村社区冲突

---

① ［法］H.孟德拉斯(HenriMendras)，李培林译，农民的终结[M].北京:社会科学文献出版社,2005:15.

主要表现为村庄之间、农户之间争夺公共资源、传统宗族活动和迷信活动重新恢复和发展。而随着中国经济社会转型的不断深入，当前农村社区冲突不再主要是乡村内部农户之间、村社之间的民间性质的资源利益纷争，而是转换为村民和基层政府之间的政治性冲突，表现为村民为了捍卫自身权益与基层政府之间的抗争。

当前，村民抗争的内容逐步由私人领域走向公共性领域，由资源性权益抗争向政治性权利抗争方向发展。

首先，土地纠纷已经成为目前村民维权抗争的焦点，是当前影响农村社会稳定和发展的首要问题。因污染导致的邻里冲突、社区冲突等已经显现出来，传统农村社会基于同质性而形成的共同体因污染而进一步削弱，农村的社会团结被削弱。

其次，频发的污染事故也导致了农村社区的群体性冲突事件频发。农村环境污染的严重性并非单纯停留在它对于经济增长或发展的限制，而是已经成为社会乃至政治层面的问题，成为影响社会安定的极大隐患。

在中国这样一个农业人口占大多数的国家，在几十年的农村社会主义建设背景下，农村社会先后经历了国家集体主义意识控制下的"捆绑式社会"、"现代市场要素与传统因素二元对立并存"的社会、整体深刻转型的"裂变自致性社会"三种不同的社会阶段。随着国家层面上不同时期、不同经济和社会政策的逐步落实，都会在村庄找到国家不同时期、不同政策在村庄不断渗透的烙印。换言之，在某个村庄这样的小地方，同样也可以感觉到整个国家的社会结构变迁的运作力量，在经历几十年不同的命运洗礼中，当代中国农村社会看似波澜不惊的社会转型前后的各种社区冲突，彰显了村民持续追求生活理性的复杂社会行动。①

---

① 杨怀中、邵继成. 当代中国农村社会冲突理性变迁路径的诠释——对鄂西北 D 村的个案延展分析. 中国社会学网 www. sociology. cass. cn.

4.2 社区冲突的特点

4.2.1 社区冲突以物质利益冲突为主

利益关系是社会生活中普遍存在的一种根本关系。利益冲突是人类社会一切冲突的最终根源,也是所有冲突的实质所在。随着社会管理方式和机制的根本转变,阶层、群体和组织不断分化,不同社会群体和阶层的权利和利益意识被不断唤醒和强化,在社会资源有限的前提下,多元化的利益群体不可避免地发生冲突。在社会转型时期,一个非常明显的现象就是在利益获取的过程中,某些强势群体与集团,运用不正当手段,在损害弱势群体利益的基础上获取利益,结果是各种社会资源过于集中在某一群体或集团身上,从而导致社会冲突。

在社会转型期,社会群体分化和社会利益分配格局的变化,部分人群的相对剥夺感更为突出,社会成员的公民意识、政治参与意识,以及对国家实现市场经济后的期望也在不断增长,社会群体之间的冲突加剧。也就是说,传统国家处于现代性的影响下,已冲破传统生活方式的束缚,正面对着经济、社会和政治变革的压力,遭受着新的、更好的经济生产方式和经济保障方式的冲击,由于现代化的变革进程,特别是由于政府无力满足人们日益增长的期望,而受到挫折。这种挫折的产生与泛滥会造成政治上的不安定。而同社会处于转型期所具有的不确定性和变动性一样,这个时期的社会冲突也具有目标的变动性和形式的多样性这样一些特征。而一旦出现经济(特别是金融)、政治和社会环境急剧恶化的情形,就有可能发生大规模的社会政治骚乱。① 改革开放三十多年来,我国现代化发展取得了举世瞩目的成就。但我国仍然处于社会主义初级阶段的国情没有变,人民日益增长的物质文化同落后的社会生产之间的这一主要社会矛盾没

---

① 于建嵘:转型中国的社会冲突——对当代工农维权抗争活动的观察和分析.

有变。利益冲突,依然是这一主要矛盾的表现形式。正如孙立平所说:"从当前的情况看,利益矛盾和利益冲突已经成为引发社会矛盾的主要问题,已经成为影响社会和谐稳定的重要因素。"①

城市社区的社会冲突和矛盾逐渐增多,其根本原因在于不同群体在社区这个封闭的场域中利益竞争的集中体现。

随着单位制解体,商品化改革和住房制度改革的推进,商品房社区逐渐在中国城市崛起,商品房小区最大的特点就是社区居民是利益共同体,他们具有共同的利益、共同的需求、共同的目的,甚至基本相同的社会经济地位;而共同的利益往往是社区居民产生归属感、认同感和共同行动的基础,是居民参与社区公共事务的直接动力。② 商品房社区的崛起不仅改变了传统居住的空间形式,而且整合了"私人"治理的特征,把拥有产权的私人业主推向利益前沿,随之而来的却是房产和物业纠纷的不断增加与升级,这种变化也促使了维护和争取切身利益的公民参与行动,这一切都反映了社区的新变化,也给社区治理提出了新的挑战。

目前城市社区冲突中,最经常出现的利益冲突主要表现在业主与物业管理公司之间。由于我国住房改革起步晚,制度建设相对滞后,虽然较早引进了物业模式,而且国家也试图通过法律和政策来规范商品房社区的管理,但还是经常出现由物业管理中的利益问题所引发的纠纷。

4.2.2 社区冲突中文化冲突的比例逐渐上升

芬克认为,冲突是"任何两种或者两种以上的统一体由至少一种对抗性心理关系形式或至少一种对抗性互动关系形式相连接起来的社会情况或者社会过程"③。可见,利益分配不均并不是社会冲突产

---

① 孙立平. 博弈:断裂社会的利益冲突与和谐[M]. 北京:社会科学文献出版社,2006.
② 夏建中. 城市新型社区居民自治组织的实证研究[J]. 学海,2005(3).
③ 刘易斯·科塞. 社会冲突的功能[M]. 孙立平等译. 北京:华夏出版社,1989.

生的唯一根源,群体间由于教育水平、文化素养或者其他非物质性原因而产生的怀疑、猜忌等文化心理因素,通常也是导致社会冲突的根源。

社区文化是文化的空间状态,是社区居民在特定的区域中,经过长时期实践而创造出来的物质文化和精神文化的总和。[①] 这里所指的社区文化是狭义的精神层面的文化,包括价值观念、规范体系、社区意识和社区心理等方面。其中价值观念是社区文化的核心,它与所在社会的价值观念是一致的,是社区中多数人的共同想法、信念及喜好的全部,是社区中多数居民所要共同达成的目标或境界,社区中多数人的行为及行动都围绕着价值体系表现出来。[②]

社区文化一旦形成会保持很长时间。但是一旦占主导地位的价值观念不再有效地规范社区个体的行为,新的文化特质开始出现并遇到了旧的价值观念的排斥和抵制,于是新旧价值观念之间就产生了对峙和抗衡,一方面,传统的旧的价值系统、行为规范仍然存在,但它们总体上已经失去了约束力;另一方面,一些新的价值观涌现,并开始影响人们的思想和行为,但是这些新的价值观和行为规范虽然产生却并不能对全社会发挥约束功能。由此导致了社区文化冲突的出现。社区心理文化冲突主要表现在这样两个主体:一是失业下岗人员;二是外来流动人口。文化冲突意味着人的生存状态陷入了危机,进入了一个失望与希望、痛苦与幸福、分裂与整合的困惑期。[③]

4.2.3　社区冲突的主体具有矛盾重叠性的特征

本项研究在调查中发现,社区中的弱势群体如失业下岗人员、外来流动人口、蚁族成员等同时深陷若干矛盾冲突之中,社区冲突在这些群体身上显示出很强的重叠性。如:他们经常失业或工作不稳定

① 于显洋. 社区概论. 中国人民大学出版社[M]. 2006:220.
② 蔡宏进. 社区原理. 台北:三民书局股份有限公司[M]. 1985:179-180.
③ 李庆霞. 社会转型中的文化冲突. 黑龙江:黑龙江人民出版社[M]. 2004:59.

的状态使他们与街区的劳动就业部门产生冲突;他们的失落挫败情绪会影响到他们家庭的和睦;他们的失败以及与成功阶层的比较容易导致阶层冲突;他们缺乏社会资本的支持,缺乏向上流动的机会,这些都使得他们成为矛盾冲突的重合体。

4.2.4 新的冲突形式不断出现

社会转型,是一种由传统的社会发展模式向现代社会发展模式转变的历史进程。

当前我国的社会进入了一个新的加速转型期,社会转型的速度、广度、深度、难度均前所未有。在加速转型的过程中,快速的社会分化与社会流动使社区结构趋于复杂化、多元化,许多潜在的社区冲突不断地被激发出来,并呈现出新的特点。

1) 无直接利益冲突增加

无直接利益冲突是指物质利益冲突发展到一定程度后,由于无直接利益者的加入而产生的一种继发性冲突。一般来说,无直接利益冲突的参与者大多和冲突事件本身没有直接的利益关联,他们之所以参与其中,只是借机发泄一下淤积于心中的不满情绪。

无直接利益冲突的大量出现是一个危险的信号,它表明在我国社会转型期这一关键时刻,伴随社会利益结构调整的进程,而且由于各种问题长期的叠加,已经在一定程度上引发了社会情绪异变。[①]

2) 群体性事件频发

群体性事件是指由某些社会矛盾引发,通过没有合法依据的规模性聚集、对社会造成负面影响的群体活动。其特征是:群体性、组织性、仿效性、破坏性和反复性。

现有的群体性事件,一般呈现为三种形态,一种是无诉求、无组织、多带有情绪宣泄的集体行为;另一种是有明确诉求目的、组织化

---

① 宋雪峰.无直接利益冲突的特征、成因及对策建议.中共成都市委党校学报[J]. 2009 (03).

程度较高的集体行动,其中有的事件因其持续时间较长、组织化程度高一些,已见社会运动的端倪;第三种形态是,冲突起初是目标明晰的集体行动,但随着无关人员的参与,逐渐演变为没有目的而仅是发泄愤恨情绪的集体行为,整个事件表现为两种形态的混合体。[1]

近期以来,群众集体访、重复访和群众赴京访上升幅度大,人数多、规模大、持续时间长、行为激烈,在一些地方和行业引起连锁反应,严重影响首都北京和局部地区的社会稳定。据 2005 年中国《社会蓝皮书》统计数据显示:从 1993 年到 2003 年间,中国群体性事件数量已由 1 万起增加到 6 万起,参与人数也由约 73 万人增加到约 307 万人。由于群体性事件反映的问题错综复杂,历史纠纷和现实矛盾相互交织、相互作用,因此处理难度较大,须引起政府相关部门的足够重视。

3) 表达方式多元化

面对冲突,民众和政府都在极力避免直接对抗方式,努力探索更文明、有效的表达方式。就民众来说,一方面,他们希望以无组织、有规矩的和平抗议方式表达自己的利益诉求;另一方面,也力求尽可能做到不违背现有的社会规制。因此创造了"散步"、"购物"、"集体喝茶"、"集体休息"等形式。这种方式在某种程度上也得到了地方政府的宽容。这也证明民众是可以和政府理性互动的,双方都在其中学会妥协、学会良性互动。在很多地方,警察也表现得很克制,无论是在上海、成都和重庆,还是广州、深圳和海南。[2]

4.2.5 冲突双方呈现非对抗性

科塞把冲突分为直接的现实冲突与非直接的间接冲突。他认为:群体越是在现实的问题上发生争端,他们就越有可能寻求实现自己利益的折中方案,因此冲突的激烈性就越小。群体越是在不现实

---

[1] 单光鼐."散步"是为了避免暴力,国内群体性事件解析.南方周末[N].2009—01—14.
[2] 同上.

的问题上发生冲突,在冲突中激起的情感与介入的程度就越强,因此冲突就越激烈。①

当前中国社会冲突的性质基本上还是以经济领域的利益性冲突为主,具有明显的社会转型期特点,总体上较少涉及到社会的核心价值观念或信仰体系,也较少涉及到政治立场或意识形态,属于人民内部矛盾,具有非对抗性。因此,大多数冲突都可以通过协调利益矛盾等途径加以解决。

小结:社区冲突的复杂化趋势

社区冲突复杂化表现在这样几个方面。一是矛盾主体多样化。近年来的社区矛盾冲突中,有个人与个人之间、个人与集体之间、个人与单位之间、社区与政府之间等等的矛盾纠纷。二是涉及人员多样化。涉及人员既有居民、也有干部,既有外来务工人员、也有本社区下岗职工,而且年龄、民族、身份结构也有所不同。三是涉及的范围多样化。涉及的领域有房屋、婚姻、劳务、经济、邻里纠纷、医疗事故等等。

由于市场经济体制还不成熟、法制不健全、市场主体行为不规范、市场管理方式落后、社会保障体制不完善等原因,致使社会矛盾纠纷直接或间接地反映到深层的经济利益关系上来。不同人群收入差距拉大,利益关系日趋复杂,农民工希望在城市站稳脚跟、下岗职工要求福利待遇、征地拆迁要求高额补偿等等,都是社区利益诉求的具体表现。

矛盾纠纷诱发的因素涉及到各个方面、多个领域,矛盾纠纷的复杂程度不断加大,化解起来的难度也在不断加大,稍有不慎,就可能使个别问题、局部问题转化为全局问题,非对抗性问题转化为对抗性问题。当前社区矛盾触点增多,敏感性、关联性、对抗性、破坏性增

---

① [美]刘易斯·科塞.社会冲突的功能[M].孙立平等译.北京:华夏出版社,1989.

强，"维权"群体跨地区、跨阶层联合的危险性加大，一般群体性事件转化为打砸抢烧事件的危险性加大。所有这些因素都导致社区冲突趋向了复杂化。

5　社区冲突的主要内容

5.1　社区自治冲突

村民自治、社区自治、企业职工代表大会是新时期我国基层民主的三大基石。社区自治是指社区居民在党和政府的领导下,通过一定的组织形式和参与途径,依法享有的对社区公共事务进行管理的权利,它是社区居民实现自我管理、自我教育、自我服务、自我监督的一种基层民主形式。[①] 一般来说,社区居民参与社区自治的组织形式主要有三种,一是业主委员会;二是居民委员会;三是社区中介组织,如社区服务中心、社区婚恋服务中心、社区劳务中心、社区市民学校、计划生育协会、老年人联谊协会等,但由于此类中介组织尚处于发育过程中,且自治作用也比较有限,故不作重点探讨。

社区自治的内容主要包括这样几个方面:第一,人事选免自治;第二,财产财务自治;第三,社区教育自治;第四,社区服务自治;第五,社区管理自治。

中国当前城市的基层社区组织由居民委员会、物业公司、业主委员会构成,这些组织的认识路径通常有行政性的、经济性的、社会性的,前两者分别以行政关系和产权关系为基础,后者以社会关系为基

---

① 唐亚林、陈先书. 社区自治:城市社会基层民主的复归与张扬. 学术界,2003 年第 6 期.

础。它们是不同的"关系共同体",握有不同的资源,属于正式组织的范围。在现实生活中,当它们面对具体问题时,每个组织都不乏资源共享的要求。我们发现,在获得这种需求满足的过程中,不免会出现诸如原则、对策、人力、场所等方面的"交易",由此产生的社会秩序具有偶然性,有独立的调节机制和自主决定的特点,不受任何正式组织的单一理性支配。

在上海,随着计划经济条件下的"单位包干制"不断向"社区自理制"的转型,基层社区的业主委员会和物业公司的作用显得越来越重要,居民委员会作为街道在基层社区开展工作的行政代理也因此有了一些"对话者"。在形式上,居民委员会是与国家基层政权相联系的一种群众自治组织,属于行政社会系统;业主委员会是与业主相联系的一种群众自理组织,属于业主社会系统;物业公司是受雇于业主委员会的一种利益实体,属于市场经济的社会系统。人们称这"三者"为"三驾马车",并视它们为基层社区生活管理的决策中心。[1]

在城市社区冲突案例中,由业主委员会、居民委员会的自治活动及物业管理公司的经营活动所引起的社区冲突事件占据了整个社区冲突事件中相当大的比例。以业主委员会的自治冲突为线索、以社区冲突为主题,对社区冲突事件进行深入剖析,是推进社区建设与发展的一个很有意义的切入点,是考察社区现实,建设和谐社区一个独特视角和窗口。

5.1.1 业主委员会的自治活动及其所引发的社区冲突

业主委员会的自治冲突是社区冲突的一个重要组成部分,也是社区冲突中最基本、最复杂的冲突形式。笔者在调查中发现,有相当比例的社区冲突事件直接或者间接地与业主委员会相关。以业主委员会为切入点,分析业主委员会的自治冲突并探寻其根源,能帮助我

---

[1] 李友梅.基层社区组织的实际生活方式——对上海康健社区实地调查的初步认识. 社会学研究[J],2002(2).

们提出更有效的社区冲突解决方案、促进社区和谐发展。

一、业主委员会的自治权利

业主委员会的工作主要集中于业主自治事务。根据物业管理条例第十五条(2003 年 6 月 8 日中华人民共和国国务院令第 379 号公布,根据 2007 年 8 月 26 日《国务院关于修改〈物业管理条例〉的决定(修订)》)规定,业主委员会执行业主大会的决定,履行下列职责:

1. 召集业主大会会议,报告物业管理的实施情况。

2. 代表业主与业主大会选聘的物业服务企业签订物业服务合同。

3. 了解业主、物业使用人的意见和建议,监督和协助物业服务企业履行物业服务合同。

4. 监督管理规约的实施。

5. 业主大会赋予的其他职责。

二、业主委员会自治所引发的自治冲突

本文将业主委员会在履行自治职责的过程中,因各种原因与其他相关主体产生的摩擦、矛盾和冲突称为业主委员会的自治冲突。业主委员会的自治冲突是社区冲突的重要组成部分。为了研究的方便,本文将业主委员会的自治冲突分为两个大的部分:

1. 内部冲突:内部冲突是业主与业主之间、业主委员会与业主之间的冲突。这类冲突大致表现为以下几种类型:

(1)业主委员会难以成立或者成立以后得不到业主的认同,其合法性受到业主质疑。

(2)业主委员会缺乏有效的内部运作机制,业主委员会委员的腐败问题时有发生。

(3)业主委员会难以发挥有效的物业自治功能,有相当数量的业主委员会形同虚设,没有发挥其应有的功能。

(4)部分社区存在成立两个甚至两个以上业主委员会的现象,业主委员会之间为了争夺自身的合法地位互相抨击甚至大打出手。

2. 外部冲突

外部冲突是业主委员会与开发商、物业管理公司、居民委员会和政府相关管理部门之间的冲突。这类冲突大致表现为以下几种：

（1）业主委员会与开发商之间的对立紧张状态。

由于开发商在房产开发与销售过程中普遍存在违约和违规现象，业主委员会成立之后需要花费大量的时间和精力处理业主与开发商遗留下来的矛盾冲突。这使得业主委员会与开发商的冲突成为新型社区中比较激烈、涉及问题也较多的冲突。从纠纷发生的激烈程度来看，业主与开发商之间冲突激烈程度严重、比较严重和一般的比例分别为 6.7%、26.7% 和 66.6%。[①]

（2）业主委员会与物业管理公司的矛盾纠纷。

业主委员会代表社区内的全体成员，在社区物业管理体系中处于监督者的地位；而物业管理公司作为企业，则追求利润最大化。二者冲突主要表现为业主利益受损后，由于现有相关法律法规的缺失，业主委员会在为业主维权过程中，难以得到司法支援，从而引发业主更为激烈的维权行动。

（3）业主委员会与居民委员会之间的互动不够和谐。

在许多社区，从业主委员会的运行来看，其在筹备、选举和正常运行中，都与居民委员会有些冲突；业主委员会在物业管理过程中和与开发商交涉的过程中，居民委员会都不同程度地介入。冲突较多也较为突出的是在维护业主权利的方式方法上的差别，冲突最严重的是双方对对方存在的合法性和合理性产生根本性的质疑，甚至在实践中相互否定。[②]

（4）业主委员会与政府相关管理部门的矛盾冲突。

业主委员会与政府的矛盾冲突主要表现在业主委员会认为政府

---

① 王春兰. 从凌峰欠费看物业纠纷. 人民日报[N]，2004—11—12(3).
② 杨波. 从冲突到秩序：和谐社区建设中的业主委员会[M]. 北京：中国社会出版社，2006：182—183.

不作为或者认为政府干涉业主委员会的自治事务等方面。二者一般没有直接的对抗性冲突,但是诸多案例表明:业主委员会对政府相关管理部门的心理认同度偏低。本文试图通过一个个案社区业主委员会的成立过程来探讨理论。

个案:上海市杨浦区五角场镇兰花教师公寓社区冲突事件

上海市兰花教师公寓社区于 2005 年 9 月进行了业主委员会换届选举。新业主委员会成立后,对担任小区物业管理的上海 SL 物业管理有限公司代管的维修资金和经营性收入作了审计,发现诸多不规范和业主被侵权的事实,侵权金额达 20 多万元。鉴于原物业管理服务合同早在 2003 年 12 月即已到期,业主委员会便开始着手选聘新物业公司的工作。

选聘新物业管理公司的工作刚启动,镇房地办致函业主委员会,"就业主委员会工作的规范运作提出指导意见";敦促业主委员会先履行与原物业公司的"解聘"程序,然后再进行选聘工作。业主委员会多次向有关方面咨询,区房地局也明确答复:"SL 物业与 LJ 业主大会合同已到期,无需解聘手续。"于是,在 2006 年 5 月 8 日,业主大会以 616 票(占有效票 82%)的绝对优势通过了物业选聘方案。

2006 年月 2 日,镇房地办以"混淆选聘物业的概念,误导业主对选聘工作的判断"和"选聘方案不详尽、不明确、不完整"为由,发函要求业主委员会"立即停止选聘工作"。

2006 年 6 月 21 日,镇房地办在该社区内张贴通告,"对业主委员会无视政府的指导监督,无视居民区党支部的核心作用,不接受居民委员会的指导和监督的行为"等行为进行了指责。同时以"小区已有 20% 业主提议召开业主大会,要求续聘 SL 物业"为由,要求"业主委员会必须按照有关程序履行召开业主大会会议的职责",并要求业主委员会将业主提议交业主大会表决。

2006 年 7 月 11 日,镇房地办公布了业主大会临时会议筹备组成员名单,而组长就是该社区居民委员会主任。不可思议的是,这份落款为区房屋土地管理局和镇人民政府的公告,盖的却是镇房地办和镇政府市政管理科的公章。该业主大会临时会议筹备组成立后,开始了着手选聘新业主委员会成员的工作。

2006年7月24日,筹备组拿出一份要求罢免业主委员会的业主签名,但拒绝提供正本。并在社区内张贴了成立新业主委员会的通知。由此,业主也分为两派,一派支持原业主委员会,另一派主张选举新的业主委员会。

由于镇房地办和居民委员会的越位干涉,LJ社区在长达四年的时间里一直混乱无序,两派业主委员会互相张贴大字报抨击对方;而选聘新物业的工作也至今没有进展。

下面是笔者在深入社区跟踪调查时,所搜集到的该社区冲突事件的细节:

2006.12.26 区房地局、镇政府贴公告,取消于7月11日成立的"筹备组"。

2006.12.29 镇房地办通知,要求业主委员会按照20%业主的提议在一个月内召开业主大会。

2006.12.30 业主委员会副主任晋煜、王孝根亲自到镇房地办了解情况,要求提供20%的业主名单和要求召开业主大会的议题。镇房地办回答:"名单你们会收到的,现在的通知是提前告知。"

2007.2.2 镇房地办和镇政府市政科以区房地局和镇人民政府名义突然在小区内贴出另行组建召开业主大会(临时会议)筹备组的公告。

2007.2.4 业主委员会发表《严正声明暨告全体业主书》。

40多名业主分别联名写了《我们搞不懂!》和《是谁在破坏教师公寓小区的和谐与安宁》。

2007.2.5 业主委员会向杨浦区房地局和五角场镇人民政府写信《要求立即撤销组建筹备组〈公告〉的函》。

上午9点,5名共产党员和1名群众上访镇党委、镇政府,要求三天之内对2.2公告进行表态。

2007.2.8 上午9点,4名党员专访区房地局,并带去两份40多名业主签名的质疑信。

2007.2.10 下午收到区房地局信访办回信:受理业主委员会要求撤销2.2公告的信访,并于60天内给予书面答复。

2007.2.11 下午,部分业主点击区长在线 http://www.ypwspy.com 提问:

镇房地办和镇政府物业科对所谓20%的业主签名未经核实、不与业主沟通就冒用区房地局和镇政府名义发文指令业主另行组建业主大会临时会议筹备组,是不是行政乱作为? 并希望区长及时过问并制止。

2007.2.12 上午9点,7名业主再次上访镇政府,要求镇政府对2.2公告中的错误进行说明。并决定于第二天再次开会,并请区房地局、镇房地办相关人员出席。

2007.2.13 上午10点在镇房地办开会,出席人员有区房地局物业科陈科长,镇政府科员李、王,镇房地办张主任,以及业主委员会8名成员出席会议。

该会议达成两点共识:

1) 暂停组建业主大会临时会议筹备组;

2) 20%业主签名名单真实性待春节后核实。

2007.2.18—2007.2.24 春节放假。

2007.3.1 上午10点,五角场镇房地办来电,要求业主委员会立即派人到镇房地办与20%的业主代表共同核实名单。

2007.3.9 五角场镇杨副镇长首次约见业主委员会晋某、茹某,听取他们对教师公寓物业公司和居民委员会有关问题的意见,镇信访办科员小潘参与约见。

2007.3.17 收到杨浦区房地局发来的信访书面答复（第2007020235号），内容如下：2月13号的协调会已经达成共识，筹备组工作暂停，待春节后核对名单后再定。

2007.3.20 业主委员会向杨浦区送交题为《对房地局3月7日答复的回函》。明确表示不能接受区房地局有意回避广大业主要求立即撤销2.2公告的信访答复。

2007.3.28 业主委员会收到区信访办信访受理告知书。称：3月20日的信访件已经收到，受理编号为2007030488，60日内给予书面答复。

2007.4.4 下午，五角场镇杨副镇长召开沟通会。与会者有：杨浦区房地局赵副局长，镇信访办小潘，镇物业科陈科长与科员王某，以及业主委员会主任及委员田某、王某和晋某。

业主委员会主任及委员在会议上表明了坚决要求撤销2.2公告的立场，区房地局赵局长表达了"依法办事、有错就改、谅解为好"的原则性意见，并当场指令物业科陈科长在月底前将20%名单进行研究核实，若名单不符实，就立即撤销2.2公告。

2007.4.20 收到区房地局关于第2007030488号信访件的答复，称：你们对3月7日答复有不同意见的来信，已经我局处理后答复如下，我局领导和有关科室于4月4日下午与镇政府领导，在五角场镇政府会议室和你们业主委员会三位主任进行了沟通和解释，并形成了一定的共识和谅解。

2007.5.6 业主委员会向区房地局递交《对区房地局4月20日答复》，就区房地局4月20日答复回避了撤销2.2公告的实质问题，表明了业主委员会不认可的态度。

2007.5.10 下午4点30分，区房地局物业科陈科长来电，称"你们给局里的信，赵局长给我了。现在我告诉你们，核实20%业主签名的主体是业主委员会，请你们进行核实。若确实不真，我们就撤销2.2公告"。

2007.5.18 上午，区房地局物业科陈科长来电：赵局长5

月20日上午九点,请业主委员会代表到区房地局面谈。

2007.5.20　上午9:00—11:00,在杨浦区房地局二楼会议室,围绕2.2公告的是非问题进行沟通、讨论。与会者除了区房地局赵局长外,还有区物业科陈科长、五角场镇房地办张某、陈某、五角场镇政府物业科李某。

会上,赵局长谈了处理该冲突的原则和意见,并坦陈"下属具体职能部门工作不到位或者有欠妥之处,向业主委员会表示歉意"。陈科长依然坚持20%名单真实性应由业主委员会审核,镇房地办张某承认第一次公告组建筹备组是错误的,但是第二次是按照规章和程序进行的,没有错误。镇政府物业科李某说:"当时2.2公告上的章是我经手盖的,当时也感到不妥,但是尊重房地办意见,还是盖了章。"业主委员会表明了必须撤销2.2公告的意见。

2007.5.28　杨浦区房地局信访办发来书面答复函第2007050876号,摘录如下:你们对4月20日的信访答复有异议,现将我局处理意见答复如下:"一、5月20号上午赵副局长会同镇政府市政科、区房地局物业科、镇房地办与你们进行了专题沟通,5月25日局物业科、镇市政科参加了贵业主委员会召开的业主代表大会,并与物业科陈科长做了解释及沟通。二、如贵业主委员会对20%业主签名提议,要求召开业主大会临时会议的真实性有疑问,由业主委员会进行核对。"

2007.6.2　业主委员会向杨浦区人民政府发函,要求对区房地局的信访答复进行复查,请求区人民政府督促房地部门立即撤销2.2公告。

2007.6.18　收到区人民政府信访事项复查办的通知书,对业主委员会的复查申请不予受理。称:如对该结果不服,可在30日内向上海市人民政府申请信访复核。

2007.7.2　业主委员会向上海市人民政府信访复核委员会发去挂号信,要求对杨浦区政府复查意见进行信访复核。

2007.7.29 拨通上海市"政风行风热线",反映了五角场镇房地部门行政乱作为:

1) 2.2公告的落款与公章不符,有违背程序、越权操作的嫌疑。

2) 对20％业主签名与提案,不做任何调查核实、不与业主委员会沟通就张贴公告指责业主委员会不按规章召开业主大会临时会议,强行另行组建筹备组,给小区物业管理工作造成了极大混乱。

3) 公告贴出后,遭到业主的批评和反对,但是杨浦区房地部门既不更正又不按会议达成的共识行事,在过去长达半年的时间里,未有任何作为。严重损害了政府职能部门公告的严肃性和权威性。

2007.7.30 拨通上海市政府信访办查询电话23113302,对方回答:"你们7月2日寄出的要求市政府进行信访复核的信件已经收到,并已转交市复核办,请等待答复。"

2007.8.5 点击区长在线 http://www.ypwspy.com 提问:请区长督促区房地局纠正行政乱作为,尤其是区房地局5月28日对信访的答复称:他们没有义务和责任核实所谓20％业主签名的真实性。业主委员会认为如此官气、傲气实在令人吃惊,请区长查核并明示。

2007.8.7 拨通杨浦区纠风办电话,投诉五角场镇2.2公告有关问题,对方要求直接拨打杨浦区房地局纪委电话反映该问题。拨通房地局纪委电话,接电话的工作人员作了电话记录。

2007.8.20 向杨浦区纠风办和杨浦时报分别发去挂号信并附上有关2.2公告的具体材料,要求弘扬正气、支持正义、公平。

2007.9.21 收到杨浦区纪监委举报站来信,摘录如下:"你好,来信收到。根据信访举报工作分级负责、归口管理的原则,我们将把你的信访件转至区房地局纪委阅处。信访编号杨纪监信 200700207 号。此复,2007 年 9 月 21 日。"

2007.9.26　杨浦区房地局物业科党支部刘书记约见业主委员会成员,田、晋、王三位主任准时到达区房地局。本次谈话无实质性进展,刘书记关心的是 20％业主签名名单的提供过程、镇房地办督办程序,而业主委员会则坚持要房地局领导对 2.2 公告明确表态,给广大业主一个说法。

2007.10.6　向时任市委书记的习近平同志写信,反映业主委员会历时半年多的信访诉求,至今仍未得到答复的事实,请求书记给予关注和督办。

2007.11.5　向市委书记俞正声同志写信反映上述问题。

该个案是本人跟踪了两年之久的一个案例。本人认为,该案例是非常典型的城市社区自治冲突的个案。从实践上看,虽然业主委员会对建设和谐社区有着重要的意义,但是业主委员会成立难、成立以后运行难也是一个有目共睹的事实。从这个案例来看,业主委员会在履行业主自治事务的过程中,不可避免地会爆发自治冲突。

由该案例可以看到这种几种关系的交织:

1. 业主委员会与物业服务公司的关系

千差万别的社区自身条件使业主对物业服务具备不同的需求度和满意度,同时业主委员会与物业服务公司的各自行为逻辑也为这两个主体的有效配合造成一定的障碍。第一,现实情况中,物业服务公司很少由业主委员会选聘,这便使得物业合同有时很难有效约束物业服务公司,削弱了业主委员会的监督效力。第二,当物业服务难以满足业主需求时,业主委员会便陷入两难窘境。有些物业服务公司忽视业主的权益,不能严格按合同、制度办事,服务质量和服务态度很难使业主满意,但是业主委员会却难以解聘这类物业服务公司。一方面由于业主委员会不具备独立的民事行为能力,加上物业合同条款过于粗线条,甚至物业合同本身有利于物业服务公司时,业主委员会很难通过法律途径解决纠纷。另一方面,业主委员会不敢轻易解聘物业服务公司。根据当前的法律规定,当物业服务质量欠佳时,业主委员会有权解聘物业服务公司,但是在解聘之后,原物业服务公司无须继续为物业治理区域提供服务。所以,在业主委员会寻找新的物业服务公司期间,社区会出现一段物业治理真空期,业主的物业需求完全被搁置,造成比原物业服务公司负责提供服务时更负面的状态,这迫使业主委员会对物业服务公司作出妥协与让步。第三,业主委员会过分挑剔物业服务公司。有一些业主委员会成员对物业服务提出了过高的要求,令市场化运营的物业服务公司承受较重的经济负担,导致两者难以有效合作。第四,业主委员会与物业服务公司串谋,侵吞物业维修基金。业主委员会与物业服务公司由个体组成,经济人趋利避害的本性会使得一些成员通过合谋骗取物业维修基金,损害业主权益。

2. 业主委员会与业主的关系

根据现行法律规定,业主委员会的设置通常有 3 种途径:一为业主自行选举;二为开发商组织筹办;三为小区前期物业管理组织筹办。有些开发商和前期物业服务公司出于自身利益考虑而不愿意组建业主委员会,则业主委员会的诞生惟有依靠业主的自发行为方可得以组建。但是,我国民众惯有的定向思维使得许多业主并不会主动进行选举,于是业主委员会始终难以浮出水面。即使组建了业主委员会,民主意识的缺乏使得业主与业主委员会之间存在较大的心理距离,导致业主对业主委员会的日常事务漠不关心,在下一届业主委员会的选举时采取弃权态度。也有一些具备维权意识的业主则较少具有民主运行意识,一味地想满足自身利益,不顾他人感受和需求,甚至打压其他群体,尤其当物业治理区域内业主结构差异较大时,业主之间存在诸多不同的偏好,使得业主委员会内部帮派林立。

此外,物业治理在我国兴起的时间尚短,一些业主仍以过去的标准来衡量小区的治理,拒绝缴纳物业管理费,致使业主委员会的物业维修基金来源渠道不畅。[①]

3. 业主委员会与居委会的关系分析

根据两个主体的不同功用定位,业主委员会的目标服务群体是住宅小区的业主,维护着小区业主的利益;而居民委员会的服务对象是全体社区居民(含业主),保障全体社区居民的利益。二者都围绕着构建和谐社会、推进城市建设、创建优美居住环境、塑造文明社区、提高居民生活质量展开工作,均是居民(业主)利益的代表,维护着居民的合法权益。

然而,在实际操作中,由于缺乏具体的责任分工,业主委员会与居民委员会在许多职能上存在着重合之处,这在无形中为业主委员会的独立发展设置了障碍。当业主与物业服务公司发生矛盾时,从职能上区分,业主委员会与居民委员会都有权介入协调,这就容易出现三种情况。第一,两方均推托不予承担这项责任,出现推诿现象,导致社区事务陷入拖沓处理阶段。第二,两方都采取介入,但未能把握好各自工作的侧重点,缺乏交流,进而产生内耗,浪费资源却事倍功半。第三,两方均采取介入,但是对问题的解决效果存在差异。居民委员会和业主委员会中的一方在处理这一问题上具备较高的能力,另一方面则处于弱势,久而久之,业主便会较为信任强势方而忽视弱势方。绩效的差异,容易导致两方产生矛盾。尤其当居民委员会承接了许多街道办下派的任务,较难为业主的利益奔波往来时,这就使得业主委员会与居民(业主)之间的关系紧密度优于居民委员会,业主委员会便能够获取较多的社会资本。一旦业主委员会成员强势武断,在一些问题上与居民委员会意见不统一,依靠着业主的支持便能够赢得更多的话语权,给居民委员会施加一定程度的压力,这类业主委员会与居民委员会之间的关系便与法律所赋予居民委员会的优先权有所冲突。

---

① 孙荣、范志雯. 社区共治:合作主义视野下业主委员会的治理. 社会学视野网 2008—01—20.

此外,当业主委员会与物业服务公司出现摩擦时,居民委员会应当协调两方关系,化解矛盾,努力促成两者达成共识。但是,如果在居民委员会的作用下仍然无法促使业主委员会与物业服务公司的和解,则居民委员会在社区治理中将处于较为尴尬的角色状态。

虽然上面的单一个案并不能代表全部,但由于在同样的体制下各个城市社区面对的基本问题大致相同。因此,"解剖一只麻雀"仍然具有普遍的启示。因为我坚信,只有通过对实践的经验研究才能发现有生命力的概念与问题。

5.1.2　居民委员会自治及其所引发的社区冲突

居民委员会是基层群众自治性组织,本质上属于社会,是社会性的组织。但是,作为一个组织,它在地位和功能上超越了社会,成为代表社会、沟通政府与社会的组织。因而,作为群众性自治组织,居民委员会实际上处于政府和社会之间:对政府而言,它是调控社会的重要单元;对社会而言,它是提供公共服务、表达公众利益的组织。居民委员会的存在空间决定了居民委员会实际地位及其实际功能在很大程度上要受到政府与社会两股力量的影响。居民委员会在发展过程中,行政功能越来越强,社会功能越来越弱,面临着定位模糊、角色错位的尴尬处境。

居民委员会在社区冲突中扮演的角色有如下几个:

1. 冲突的协调者

1989 年颁布的《中华人民共和国居民委员会组织法》第三条对居民委员会的任务进行了规定,其中有三条涉及到居民委员会作为协调者的任务。分别是:调解民间纠纷;协助维护社会治安;协助人民政府或者它的派出机关做好与居民利益有关的工作。

居民委员会组织参与的动力一方面来自于政府的命令,执行政府下达到社区的各项命令,另一方面它又在政府和公众面前展示自己是社区的代表。虽然可以用"上传下达"来简要地概括居民委员会的工作,但是无论是"上传"还是"下达",对于没有行政级别的居民委员会来说,都难以通过行政命令来完成,而不得不通过群众动员来执行。因为许多行政命令式的群众动员对于居民已经越来越缺乏吸引力,而居民的工作和生活领域也已经不太受街道政府的控制,因此大多数居民基本都不会参与。居民委员会的协调工作也不例外,往往要通过各个楼组的楼组长以及居民积极分子的配合参与来完成。因此居民委员会工作的关键在于它的居民积极分子网络的有效性。因此,居民委员会不仅仅是一个党政合一的工作机构,而且它还需要同时组建各个居民小组,以及如老年、调解等委员会来培育积极分子。而这种网络化的机制却可以使得居民产生更积极的参与。①

一般来讲,社区居民委员会都设有"人民调解委",主要负责居民邻里冲突的调解。其职责是发挥人民调解工作"第一道防线"的作用,把矛盾纠纷化解在基层,减少刑事案件的发生。人民调解委员会一般都会建立一套矛盾纠纷排查制度,经常深入到居民群众中了解社区民意;同时设立治保员和义务联防队员,利用入户走访巡逻的时间对本社区进行排查,发现问题及时上报,通过实行矛盾纠纷排查制度,掌握调处矛盾纠纷的主动权,提高矛盾纠纷调处的成功率。

如前所述,由于权力有限,居民委员会调解的一般都是些街市口角等邻里小纠纷。

2. 冲突的催化剂

居民委员会、业主委员会和物业管理公司被称为是社区建设的三驾马车。这三方既是合作的,也是相互监督和制约的,这样的合作机制源于三方利益的平衡。在这一治理结构下,居民或业主并不完全通过独立的居民委员会或业主委员会行使管理公共事务的权利,而是在三者的互动往来中,彼此实现着权利与义务、权利与责任的平衡。

笔者在社区调查中发现,一旦涉及到具体利益,居民委员会、业

---

① 朱健刚. 社区组织化参与中的公民性养成——以上海一个社区为个案. 思想战线[J]. 2010(2).

主委员会和物业管理公司的平衡就会被打破。在这种情况下,居民委员会也会卷入社区冲突,并成为社区冲突的催化剂。

举例来说:根据《业主大会规程》,要成立业主委员会,首先要成立业主大会筹备组。而该筹备组的成立,则要在"物业所在地的区、县人民政府房地产行政主管部门和街道办事处(乡镇人民政府)的指导下",这个"指导",在现实中则演变成由街道办事处交给了居民委员会。如果居民委员会不牵头,业主大会筹备组就成立不起来,业主委员会就更无从说起。即使业主大会筹备组成立起来了,居民委员会不给盖章,业主委员会还是建立不了。业主委员会成立时的备案只是诸多备案中的一项,几乎业主委员会所有重大事宜都需要到相关部门备案,这其中包括业主委员会换届选举、撤换物业公司等等。而这些备案工作,无疑都需要得到居民委员会的"支持",而居民委员会那枚小小的印章,则成为了支持的关键。

3. 冲突中的一方

同物业管理公司和开发商相比,业主委员会与居民委员会的冲突是社区公共事务治理中不太被关注、表面上也不是太激烈,但却涉及问题较多的、比较普遍的冲突。正如林尚立教授所说:"物业结构的交叉错落使得业主委员会与居民委员会成为社区中并驾齐驱的两个共治主体,业主委员会与物业公司的契约关系的运作不可避免地受到居民委员会这一变量的影响。业主委员会在不完全契约形态下的运作以及居民委员会对物业管理的介入,对于社区治理结构的形成产生了直接的影响。"[①]

在案例一中,居民委员会的卷入是导致冲突升级的首要因素。业主委员会与居民委员会的冲突激化到了很严重的程度,即双方对对方存在的合理性和合法性产生了根本性的质疑,该社区居民委员会主任甚至还担任了业主大会临时会议筹备组组长,准备实施召开业主大会,拥有了选举新业主委员会的权力。

---

① 林尚立.社区民主与治理:案例研究[M].北京:社会科学文献出版社,2003:250.

5.1.3　物业管理企业违规操作引发冲突

从 80 年代初期到 90 年代,在不到 20 年的时间里,我国的房地产业和住房建设、分配、管理制度迅速发展,新式商品房小区急剧增加,物业管理到 90 年代中期后已经辐射至全国各大中城市。在新式小区和物业管理在城市中迅速扩展的同时,物业问题在各大城市中大量出现。在北京,物业纠纷不仅在数量上有上升趋势,而且矛盾冲突也有不断升级的迹象。物业管理企业违规操作所引发的冲突常常与业主委员会和居民委员会相关,因此,在本章讨论该内容。

《上海市居住物业管理条例》明确规定了物业公司的性质和业务范围:物业管理公司是接受业主或者业主委员会的委托,根据物业管理服务的合同进行专业管理服务的企业。业主委员会有权根据委托者即业主对所在小区物业管理质量的意见选择或更换物业公司,同时,物业公司还要房地产管理部门的行风监督与服务质量管理。物业公司直接对业主委员会负责,它们之间的关系是雇佣关系。物业公司通过对所辖区内的业主提供房屋修理服务和维护社区环境来获取经济利益,是按照市场化运作的经济单位,不涉及业主层面的社会关系。

中华人民共和国国务院令[2007]第 504 号《国务院关于修改〈物业管理条例〉的决定》,将"物业管理企业"修改为"物业服务企业"。物业管理条例所称物业管理,是指业主通过选聘物业服务企业,由业主和物业服务企业按照物业服务合同约定,对房屋及配套的设施设备和相关场地进行维修、养护、管理,维护物业管理区域内的环境卫生和相关秩序的活动。物业服务合同应当对物业管理事项、服务质量、服务费用、双方的权利义务、专项维修资金的管理与使用、物业管理用房、合同期限、违约责任等内容进行约定。物业服务企业应当按照物业服务合同的约定,提供相应的服务。物业服务企业未能履行物业服务合同的约定,导致业主人身、财产安全受到损害的,应当依法承担相应的法律责任。

虽然法律法规有明确规定,但是在很多社区中,还存在着由于物业管理企业违规操作而引发的社区冲突。物业管理秩序混乱已经成为中国城市中的一个重要社会问题,它造成了社区秩序的混乱与不安定,严重地影响到业主及其家庭的正常生活,政府、开发商和物业公司的很多精力也被牵涉进来。根据中国社会调查 2002 年对北京、上海和广州三地的一项专门调查,有近 90% 的居民对物业管理不满意。

个案 1:上海市青浦区徐泾镇豪都国际花园社区冲突事件

豪都国际花园,位于青浦区徐泾镇。其建筑面积达 22 万平方米,是集公寓、叠加、花园洋房、别墅于一体的混合型大型居住小区,业主多达 1861 户。物业管理者是开发商上海豪都房产开发经营有限公司(以下简称豪都房产)下属的物业部,管理小区已有 10 年之久。

豪都国际花园与豪都房产物业部的物业服务合同于 2004 年 12 月 31 日到期后,未再续约。2005 年 12 月,业主委员会换届,业主第一次选出了自己的业主委员会。

新业主委员会成立后,多次发函和电话联系,希望与豪都房产商谈续约事宜,但豪都房产只谈了一次就再也不肯见面。2006 年 4 月,青浦区房地局物业科、徐泾房地所以及徐泾镇政府的有关领导召集业主委员会开会,转达了豪都房产不愿再承担豪都花园物业管理服务的想法,同时希望业主委员会尽快启动程序选聘新的物业公司。7 月 18 日,业主大会用书面形式对业主代表会议筛选出来的三家应聘物业进行表决。最后以 1163 票同意、22 票反对的绝对多数选聘了新的物业公司,并与新的物业公司签约于当年 9 月 1 日进驻小区。投票表决时,镇房地所和镇政府的有关领导都在现场监督指导。然而,表决结果在区房地局备案时,却碰到了阻力。

原来,豪都花园的入住率一直低于三分之二。2005 年业主委员会换届时,空关户一度多达825户,超过总住户的三分之一,而物业公司又始终不提供业主相关资料。当时的换届改选小组在镇有关领导具体指导下,根据物业法规的精神,从小区具体情况出发,作出了"按实际登记数确定投票总票权数"的规定,对那些长期未入住又无法联系的业主暂不计入总票权数。第三届业主委员会的选举、议事规则和业主公约的制定都是按照这个原则进行的。

据某一业主说,根据长期无人居住并无法联系的具体情况,对业主投票权作这样的约定是公平合理的。就算修改议事规则、否定招标结果,也没可能,因为这也得三分之二通过。由于主管部门的态度暧昧,原本准备撤离的豪都物业态度180度大转变,在小区张贴"严正声明"——应镇政府和房地局领导的要求坚决留下来继续为业主服务。

9月1日,经多方协商,新老物业暂缓交接。不料70多岁的业主委员会主任当天被小区物业经理、保安以及外来陌生人殴打成肋骨骨折,其他两位业主多处软组织受伤。110赶到现场根据业主的指认,抓获两名行凶者,但很快被老物业的保安"救"了回去。小区一时人心惶惶,公共场所大字报小字报到处乱贴,物业工作人员也到处拉业主签名要罢免业主委员会。该小区网站的业主论坛上,各种意见情绪非常对立。

个案2:上海市闵行区丹桂花园社区冲突事件

丹桂花园(北苑)位于闵行区航北路228弄。该社区的业主委员会于2002年10月与原物业公司——上海丹桂物业管理有限公司解除合约后,便陷入了艰巨的维权"马拉松"。这家"下岗"物业公司迄今仍占据着同一物业管辖区内的综合楼等商业用房的管理业务,并且控制着综合楼等商业用房的维修资金。尤其令业主愤怒的是,该物业非法占用业主的维修资金近17万元,经法院判决,仍拒不归还。

据该小区业主委员会介绍,2004年10月8日上海仲裁委员会经审结,裁决被解聘的丹桂物业必须移交小区物业管理的账册、维修基金分户清册、各类合同等档案资料。由于物业拒绝履行,业主委员会遂于2004年11月15日向闵行区人民法院申请执行。在法院依法向被执行人发出执行通知后,被执行人才陆续向原告移交了部分资料,但是有一笔169426.66元的费用没有归还。该业主委员会于2005年9月再向法院起诉追讨这笔钱款。被告在法庭上声称这笔钱已全部用于小区的维修事宜,但又提供不出能证明维修的具体项目、时间、地点、验收等细节的任何凭证。法院于2005年11月11日做出判决,判令被告返还原告维修资金169426.66元,并承担案件受理费。被告不服提起上诉,2006年3月13日,二审法院驳回了丹桂物业的上诉,维持原判。

丹桂花园(北苑)东部和东南角沿街处有数十个商铺和一栋5层的综合楼,都在营业中。从业主委员会提供的小区规划图和2002年8月22日闵行区房地局同意该小区设立业主委员会的批复看,这些商业用房都明确在小区物业管辖范围内,而水电煤等也和整个小区享用共同的管道和设施。经业主大会同意,小区投资42万元改成了变频供水,但一起受益的商铺和综合楼的维修资金因都被丹桂物业控制至今分文未付。

鉴于丹桂物业公司不肯移交,又无视法院判决拒绝还钱,业主委员会于2008年4月7日向闵行区法院申请执行,并按规定提供了被执行人可供执行的财产线索。然而令业主困惑的是,闵行区法院受理执行半年多后突然提出调解,业主委员会无奈只好接受。可被执行人仍无视调解达成的协议,坚持不还钱。

从以上两个个案可以看到,虽然业主委员会、居民委员会和物业管理公司被并称为社区管理的三架马车。但是,业主委员会和居民委员会作为自治主体在其行使社区自治权利的过程中,与物业管理企业产生的磨擦层出不穷,物业管理企业违规操作很大程度上阻碍了业主委员会与居民委员会自治权利的行使。

现实生活中,物业公司保安殴打业主、业主抵制物业公司等事件时有发生。物业公司占用挪用维修资金的案例更是不胜枚举。虽然物业管理条例第六十三条规定,"挪用专项维修资金的,由县级以上地方人民政府房地产行政主管部门追回挪用的专项维修资金,给予警告,没收违法所得,可以并处挪用数额 2 倍以下的罚款;物业服务企业挪用专项维修资金,情节严重的,并由颁发资质证书的部门吊销资质证书;构成犯罪的,依法追究直接负责的主管人员和其他直接责任人员的刑事责任。"但是,从笔者走访多个小区搜集到的案例可以看出,单靠条例来规范物业公司的违规操作不能达到令业主满意的效果。

5.2 社区权利冲突

社区权力是社区管理的核心。目前城市社区管理主体之间权力相互冲突比较严重,权力结构不合理,这是城市社区管理体制不顺的一个重要方面。社区权力冲突一直是社区研究所关注的一个重要领域。本章的关注点是目前社区权力运行的状况及存在的问题、形成的原因,并试图在分析原因的基础上提出促进合理的社区权力运行机制形成的改进方向。

在计划经济时代,在"强政府、弱社会"模式之下,公民权利受到损害时,主要是政府或企业主持公道,制定保护他们利益的政策。在社会转型期,政府通过委托或授权将一部分国家权力"下放"给相关的民间社会组织,推动社区自治。这里就引出以下一些值得深思的问题。如:单位人变成社区人之后,已经习惯了单位、政府包办各种社区事务的居民如何对待这种"还权于民"? 在目前城市社区建设过程中,居民自我管理社区公共事务的状况如何? 政府行政力量从城市社区公共事务管理中退出之后,现有的城市居民能否承担起本社区的自治重任在社区公共事务的处理中呈现出怎样的一种权力关系,并且怎样的关系才有利于社区建设的持续发展？社区权力秩序如何？社区居民的权利是否得到了应有的保护和体现？

5.2.1 社区权力的相关理论研究

社区权力结构及其民主化是社会学研究的重要课题。早在上个世纪三十年代,美国社会学家罗伯特·林德(R. S. Lynd)与海沧·林德(H. M. Lynd)所进行的"中镇"研究就开始关注社区权力。他们对美国中部的扬基市社区内居民的日常生活和各种社会活动的考察,开启了"社区权力"研究的先河。

在长期的实证研究中,西方主流学界的有关研究,在这个问题上一度出现了两种截然对立的主要理论,即精英论和多元论。二者争论的焦点在于,地方社区政治权力是掌握在极少数社区精英手中还是分散在各个不同的社会群体之中或者说,社区是否"民主化"。精英论的代表人物是美国社会学家弗洛依德·享特(Floyed Hunte),亨特利用"声望"的方法,在对美国亚特兰大的实证研究中,发现社区中存在着"领袖"或者"权力掮客"。亨特通过分析其决策层的层级和权力运用的过程,指出社区内的权力分配是不平等的,权力主要掌握在一些精英人士中,他们大多相互认识、经常往来、相互磋商社区事务,从而结成密切的权势群体。他们以不同的方式行使自己的权力,一些人在公共团体供职,在社会上引人注目、声名显赫,另一些人则通过他人行使权力,其活动和影响一般不为常人所知。[1] 亨特认为社区权力研究的内容主要包括,不同社区权力结构的历史变迁和特征权力要素的影响模式权力中心的归属权力中心之间的互动社区权力的比较研究等。[2] 他在1953年出版的《社区权力结构:决策者研究》一书中认为,在社区权力结构中,构成主要商业利益的少数精英占据

---

[1] 夏建中. 现代西方城市社区研究的主要理论与方法. 燕山大学学报,哲学社会科学版,2000,02.

[2] 高鉴国. 美国社区权力结构的研究方法. 社会,2002,07.

统治地位,社区的重大决策都是由商业精英制定的,而政府官员、民间领袖是政策的执行者,民众是政策的接受者。

与亨特的观点相对的是达尔的多元论。多元论的代表人物是美国政治学家罗伯特·达尔(R. A. Dah)。他 1961 年出版的《谁在统治:美国城市中的民主和权力》一书,以美国康涅狄克州纽黑文市为研究对象,利用"决策法",选择了地方政府三个最主要领域的决策——城市重建、政治任命和公共教育政策进行分析,发现社区政治权力分散在多个团体或个人的集合体中,各个群体都有自己的权力中心,城市社区不存在单一的权力结构,而是多主体互动而达成共识。① 在研究中,达尔指出,社区政治权力分散在多个团体或个人的集合体中,各个群体都有自己的权力中心,地方官员也有自己的独立地位官员要向选民负责,所以选民也有权力,他们以投票来控制政治家。②

总之,西方社区权力研究具有以下几个典型特征。第一,将城市或城镇社区权力作为相对独立的研究对象。第二,都认为社区大部分权力掌握在少数人手中,尽管权力控制模式不同,但少数精英,尤其是经济精英的控制没有争议。第三,都以西方资本主义以及自由民主制为背景和预设前提。③

中国的社区建设带着深重的政府主导的形式,这与西方国家自然成长型的社区模式是有很大区别的,所以无论是精英论还是多元论都无法解释我国当前城市社区的权力结构及运作。但是,社区权力的研究途径为我们可以提供许多有益的启示,我们可以将社区内的权力结构作为一个相对独立的研究对象加以描述与分析。那些在社区内掌握实际资源与权力,能参与决策过程的组织尤为值得关注。

---

① 彭健. 城市社区权力结构行政化与社会政策供给. 湖州师范学院学报,2010 年 8 月.
② 夏建中. 现代西方城市社区研究的主要理论与方法. 燕山大学学报(哲学社会科学版),2000,02.
③ 朱健刚. 国家、权力与街区空间——当代中国街区权力研究导论中国社会科学季刊. 2000,02—03.

5.2.2 城市社区权力结构

非西方制度下的社区权力研究才刚刚开始。主要关注权力结构。权力结构是指因权力分配而形成的各权种之间及各权种与人民权力整体之间的相互关系及依赖这种相互关系所形成的权力体系。是社区中各权力主体在社区决策中权力关系的强弱及其相互间的影响程度。社区权力结构是指代表国家、社会等性质权力在社区空间内相互作用形成的一种结构形态。

中国学术界对社区权力的研究主要集中于宏观层面和中观层面。社区权力宏观层面的理论研究主要有三种取向即国家基层政权建设、公民社会发育以及综合视角——基层政权建设与公民社会发育高度重合,这三种理论取向都是受到国家与社会关系分析范式的影响,只是分析的侧重点有所不同。

中观层面的研究则直接受到宏观层面上对"国家与社会"的权力关系研究不同视角的影响,呈现比较明显的差异社区建设"行政化"理论主张在社区权力变化的过程中强化行政力量,将城市管理权力下放扩大基础政府的权能,要"进一步强化街、居组织的地位,乃至把街道办事处变革为基层政府",主张政府在社区建设中应当发挥推动力的作用。[1]

20 世纪 90 年代以来,伴随着城市社会单位制向社区制的过渡,以"权力中心下移,权力明确下放"为方向的城市社区管理体制创新逐步展开,国家权力逐渐从社会领域退出并向社会回归,基层政府的制度创新和组织创新促成街区权力分化与重组,随之而来的社区秩序也发生明显的变化。从已有的关于社区权力的研究来看,都存在两个外生变量:其一就是社会结构变迁,最主要的因素是市场化的经济体制导致基层社区社会结构的变化;其二就是社会制度层面的变迁,国家力量在基层社区的微观逻辑发生了种种的变化。这两个外

---

① 王雪. 社区建设中的城市社区权力运作——后单位社区的个案研究.

生变量"渗透"到基层社会,与社区自身的逻辑发生碰撞、融合。但是对于城市社区或者乡村社区来说,更为重要的是其内生的因素或模式,往往正是这个内生变量才是决定社区发展的关键因素。如在城市社区中不断酝酿的真正的社区自治组织,乡村社会中传统宗族势力的维系作用,经济精英对乡村权力的争夺等。[①]

国内关于城市社区权力结构与秩序的研究主要以下三种:

李友梅对上海康健社区进行了实地调查,揭示了一个被其称为社区三驾马车——居委会、业委会、物业公司的权力结构。指出三驾马车有各自的工作载体,也有各自的运行逻辑,但是他们在实际运行中有资源互补的复杂依赖关系。[②]

刘迎华以北京市丰台区的 S 社区为调查对象,分析了社区事件的管理和运作过程,指出在该社区掌握权力资源并发挥作用的是街道办事处和某驻地单位,在社区事件中它们交互影响并制定决议。[③]

张虎祥以上海市 KJ 社区为研究对象,描述和分析了社区治理过程中不同行动者为了最大化自身利益,采用不同的治理方式展开互动的过程,整个社区的权力秩序处于某种不断构造与再构造的过程中。[④]

以上这些研究均以社区内的组织及其互动为研究中心,揭示了社区组织在社区权力结构中所发挥的重要作用,并肯定了这种社会力量在社区建设中所发挥的不可缺少的功能。

① 蔡禾、卢俊秀. 制度变迁背景下的社区权力与秩序——基于广州市一个城中村的研究. 广东社会科学,2007 年第 6 期.
② 李友梅. 基层社区组织的实际生活方式——对上海康健社区实地调查的初步认识,社会学研究,2004 年第 4 期.
③ 刘迎华. 社区权力及其运行——S 社区内的重要群体与社会事件分析. 华东理工大学学报(社科版),2001 年第 4 期.
④ 张虎祥. 社区治理与权力秩序的重构——对上海市 KJ 社区的研究. 社会,2005 年第 6 期.

5.2.3　居民委员会的权利内卷化

内卷化即 Involution。该词源于拉丁语的 involutum,原义是"转或卷起来",用以表达盘绕起来的、复杂的、纷繁混乱的事物。1963年,美国人类学家盖尔茨(Clifford Geertz)在《农业内卷化》一书中运用"内卷化"这个概念来描述印尼爪哇地区的经济与社会发展。他认为,爪哇社会具有高度的弹性和松软的不确定性,这种社会允许调整、吸收、采纳,但不支持真正的变迁;结果,爪哇人难以通过现代化来达到经济的持久变革,而是"内卷"于原来的农业生产方式。[1]此后,这一概念迅速被中国学术界借用,并取得了富有成果的研究。

管理主体之间的权力冲突比较严重。政府组织和社区居委会之间的权力冲突具体体现在街道办事处与社区居委会之间权力冲突,其实质是政府行政权与社会权的冲突。街道办事处把社区权力(包括人事权、财权、管理权等)集中在自己手中,将社区居委会纳入到自己管理体系中,视为其下属部门,通过对社区居委会下达行政命令的方式,让居委会做大量的行政工作。居委会手中没有社会权力,只能够事事依赖于街道办事处。这导致居委会不是面向居民而是政府,居民对居委会没有信赖感,居委会地位尴尬。

居民委员会权利内卷化的制度环境,最重要的是社区建设运动。对于政府来说,社区建设之所以被提上议事日程,一个非常重要的原因是城市基层社会由于市场化和单位制衰落而不断出现的一些不稳定因素。这些不稳定因素,在单位制时期单位体制内的庇护结构和派系结构之中。在单位制的控制力量日益式微的后单位制时期,这些因素开始"外显"并构成对政府治理的威胁,因此国家需要找到一种能够替代单位制的社会控制方式来整合城市基层社会,在此情况下,发动一场运动式的社区制度变迁便成了最好选择。在西方社会

---

[1] Clifford Geertz. Agricultural Involution : The Processof Ecological Change in Indonesia. California, 1963.

实践中，"运动"常常被看作是对既定权力格局的一种抗争，但在社会主义国家的实践作中，运动本身往往就是巩固既定权力格局的重要方式。90 年代以来兴起的社区建设运动，也意味着国家在后单位制时期对社区中既定权力格局所进行的巩固和调整。在此背景下，这种运动式的组织变革不会像它所宣称的那样改变原来的社区组织格局，给居民委员会以更实质性的地位，而是呈现出换汤不换药的"内卷化"特征。①

1. 居委会与社区党组织和业委会之间的权力冲突

社区党支部工作范围的模糊性，使得社区党支部的权力有很大的弹性。有的党支部权力很大，甚至代替居委会行使自治权进行社区具体事务管理和决策；有的党支部权力很小，在社区中是可有可无。无论哪种情况，都使居委会和社区党组织的权力冲突经常发生。

"业主"和"业主委员会"是我国城市住宅分配制度变革后出现的新概念。业主委员会与居民委员会都属于自治管理组织，都需要动员居民广泛参与才能实现自治管理目的，所以难免会有权力上的相互冲突。

2. 居委会以权谋利所引发的社区冲突

城市社区自身权力不足，虽然有多元社区管理主体产生，但是仍然没有改变政府主控的局面，权力多集中于国家组织。城市社区自身权力不足，主要体现在社区居委会上，当前我国居民委员会权能不足，对社区重大事务并没有决定权和影响力，许多重要的权限都被街道办事处所控制。就目前来看，全国大多数居委会的主任还要由街道办事处分派，被分派下来的居委会主任不是面向居民而是面向政府的；财力主权被街道办事处所控制，居委会不能够控制财权，导致我国绝大多数居委会财力不足，开展工作困难；这种现实导致了部分老旧社区的居委会想尽一切办法，利用手中权力创收的种种行为。

笔者在百度上输入"居委会收费"这两个关键词，搜到了 523 万

---

① 何艳玲、蔡禾. 中国城市基层自治组织的"内卷化"及其成因. 中山大学学报（社会科学版），2005 年第 5 期.

条相关信息。笔者粗略统计了一下,居委会收费的类别大致有这样一些:

1. 收取卫生费。
2. 收取水费。
3. 收取保安费。
4. 出租公房获利。
5. 盖章收费。
6. 私设停车场收费。
7. 强制收取社区建设费。
8. 对外开放老年活动中心等场所收费。
9. 迁入迁出户口按照人头收费。
10. 收取外来人口登记费。

个案 1:居民委员会代收卫生费引不满

  某市仍有 300 多万平方米的老旧小区没有物业公司,涉及 211 个社区居民委员会。由于存在收取卫生费缺乏标准、无钱聘用安保人员等问题,居民委员会这个"临时管家"接连陷入尴尬境地。由于没有物业公司,由该居民委员会代管的 47 幢老旧居民楼卫生环境十分糟糕。为了改善居住环境,居民委员会只好向居民收取卫生费雇人清运垃圾。该区域属于商业区,47 幢楼中半数以上业主陆续将房子出租给流动人口,有些业主甚至将一套房子租给十几个人合住,所产生的生活垃圾要比常住人口多了许多。为此,居民委员会制定了两种收费标准:流动人口每月每户 7 元,常住人口每月每户 5 元,这些钱全部用于支付保洁员的工资。即使按照这样的标准收取,47 栋楼所聘用的几名保洁员月人均工资仅有 100 多元,一些保洁员嫌工资过低,常常干上一两个月就不干了。但是居民委员会无法出示收费凭证,为此,该社区居民对居民委员会的收费行为颇有疑义。

  提及老旧小区,大多数居民的印象都是"治安混乱、卫生脏乱差"，这俨然成了老旧小区的代名词。居民委员会代管老旧小区，连每月每户三五元的卫生费收取率都不超过50%，其他费用的收取就更难了。由于经费拮据，聘请安保人员维护小区治安几乎成了一种"奢侈"，想都不敢想。时间长了，老旧小区纷纷陷入"卫生差、治安乱"的恶性循环怪圈。

不少住户表示，路灯坏了、下水道堵了没有人管，小区绿化、公共设施维护等更是无人问津；闲杂人等可随意出入小区，小偷大白天行窃，有的住户家甚至被小偷多次"光顾"。虽然个别居民委员会组织老年人成立巡防队，但盗窃案件仍时有发生。

个案2：居民委员会公房外租赚经费

某社区居民抱怨说："小区里经常有发单子的人，让我们到居民委员会听各种讲座，保健、养生、环保之类的，其实就是占居民委员会的地方，打着幌子，到最后都是推销东西。"

据了解，该居民委员会将公房出租给了一家名为"四世同堂"的保健品销售机构。但该居民委员会所在街道办事处则声称："虽无明文允许，但居民委员会将办公用房外租商用的情况，街道办是知道的。居民委员会实际维持日常运作经费很紧张，他们将办公场地偶尔收费外租也是不得已而为之，以此获得活动经费也是取之于民、用之于民。但这种情况应上报街道办，并且不能影响正常的群众活动。"

个案3：居民委员会盖章收费令居民不满

某居委会有一个不成文的规定，居民凡要开证明，居委会盖章一律收费。收费数额一般按居民所办事情大小，大事收300元，小事收10元。

生活中，居民不得不办各种证件，如果没有居委会的大红印章，肯定行不通。而户口管辖权又决定了公章"独此一家，别无分店"，为了不耽误办事，居民即使心中一百个不乐意，也只有乖乖掏腰包的份了。

社区居委会是基层群众自治组织,是密切党和政府与群众联系的桥梁和纽带,其主要职责就是全心全意为居民服务。居民需要盖章,只要合理合法,居委会就应该为居民提供方便。而不能设定种种限制条件为难居民,更不该挟"盖章大权"乱收费,把居委会公章当成掏居民腰包的筹码。

5.2.4　社区权力冲突所导致的维权

社区权力在社区冲突过程中占有重要地位,按照雷恩的说法,造成社区问题的最基本原因是无权,而治疗无权的最有效方式就是获得权力,将权力进行合理分配。[①]

维权是一个外延宽泛的概念,它是一种试图对侵权行为进行事后纠正的现象。维权广泛存在于任何一种社会制度之下。社区维权行动是指当社区居民的利益受到侵犯时,个人无力抗争,而单纯由群体发起的社区层次上的集体抗争。社区维权行动主要因特定的社区冲突事件所引起,冲突事件可能来源于社区外部,也可能来源于社区内部甚至是个别居民的危害行为。其特点主要表现为整体危害性,即社区冲突事件具有社区危害性,危及整个社区的利益,而且其危害后果往往是不可逆的。社区维权行动的目的通常是通过集体抗争来矫正不公正行为或者寻求补偿。维权行动的形式包括维权声明、上访、集会游行示威等,而抗议性自焚可视为维权行动的极端形式。[②]

个案:业主维权遭遇"最牛"行政回复[③]

上海市浦东新区东明家园小区的公建配套设施被周家渡街

---

① 桑德斯.社区论.台北:黎明文化事业股份有限公司,1982.
② 卜长莉.社区冲突与社区建设——东北城市社区矛盾问题的案例研究.
③ 李宏涛.业主维权意识凸显"和谐共生"融化社区矛盾.青年报.2004年01月08日.

道办事处无偿使用,原本规划许可中的老年活动室、健身房、老年阅览室及娱乐室等都没有了,公建配套设施变成了"上海浦周投资管理中心"及"周家渡经济发展促进分中心"。由于小区至今没有成立业委会,业主个人没有资格代表全体业主起诉周家渡街道办事处,业主们只得不断信访。

家住浦东新区周家渡街道东明路 560 弄东明家园的市民马根祥,在解放日报报业集团网的"我要报料"论坛里投诉,叙述东明家园小区的公建配套设施被街道侵占后的维权之苦。

令人诧异的是,业主几番周折后,得到的却是街道一串串"X"字符的回复。原文内容如下:

马根祥:

2008 年 1 月 11 日,我们收到上海市"网上信访"受理(投诉)中心转交的关于您写的信访事项,编号为:网 2008001179。经研究,现将该信访事项的处理答复如下:根据《XXXXX》规定,XXXXXXXXXXXXXXXXXXXXXXXX。根据国务院《信访条例》的规定,如果您不同意上述处理意见,可以在收到该信访事项处理意见后的 30 天内向我单位的上级行政机关"新区信访办或周家渡街道"接待场所提出书面复查申请,逾期将不再受理。

无奈的业主们只能贴小标语抗议街道。

马先生称他的信访维权始于 2003 年 9 月 28 日。他多次向街道办事处主任以挂号信、特快专递及电子邮件形式,反映小区公建配套设施老年活动室、阅览室、健身房等被挪作他用的事实,要求街道有关部门做出解释,依法予以纠正。同时,马先生也将该信函抄送区有关职能部门。

信被转到周家渡街道办事处后,街道办事处分别两次做出回复,声称东明小区的房产开发商与街道签订了"东明家园公建配套设施移交协议",根据协议公建配套将无偿移交给周家渡街道办事处;对于 5 号楼使用功能的改变,回复中解释为:"街道为了履行街道作为社区经济的管理职能,街道将此配套用房作为整个社区经济的服务窗口……"马先生对回复一直不服,继续向浦东新区政府及市政府市长邮箱写信反映情况,之后,马先生就接到了上述被其称为"史上最牛"的行政回复。

眼看信访无果,小区业主们开始失去耐心。2003 年年底前后,他们在小区公告栏内张贴自制的《告业主书》《业主书问答》等宣传资料,他们还在小区周围附近的人行道护栏、公交车站、邮筒、电线杆等处张贴自制的"膏药贴"。贴纸被不断撕毁、涂刷,业主们则继续坚持不懈地再贴……就这样,一个贴,一个涂,双方展开一场"膏药持久战"。除了"膏药贴"外,业主们还自制了布质的横幅标语。

街道办事处杜斌主任解释说:街道与开发商就 5 号楼签订的无偿使用协议的依据是把 5 号楼给"上海浦周投资管理中心"及"周家渡经济发展促进分中心"使用,也是在为社区服务。"经济服务也是一种服务,并不只有活动室才是服务,我们现在服务是大概念的。"显然,杜斌将东明家园的社区概念"融会贯通"了。杜斌强调,他们没有改变规划用途,两"中心"并不是企业,是"街道的组成部分,是领导派到地方来指导经济工作的。"

据悉,"上海浦周投资管理中心"注册资金为 2000 万元,性质为企业管理机构,经营范围为"本系统内集体资产管理和投资管理,自有房屋的出租,花卉生产及花卉服务,普通机械设备,工艺品(除金银外),百货,五金交电,塑料制品,建筑装潢材料,金属材料的销售。"

马先生向浦东新区发改委投诉后,发改委于 2003 年 5 月 26 日做出正式回复,"我们已与周家渡街道沟通,尽快恢复该 5 号楼的社区服务功能"。

此个案在业主维权行动中,具有典型性。一般来讲,业主投诉蕴涵两个焦点问题:房地产开发商是否有权对已完工并确权的公建配套设施无偿赠送给第三人,政府管理部门是否有权在已确权的设施上做规划变更?

依据《中华人民共和国物权法》有关规定:"建筑区划内的其他公共场所、公用设施和物业服务用房,属于业主共有";"会所、车库的归属,有约定的,按约定;没有约定的或者约定不明确的,除建设单位等能证明其享有所有权外,属于业主共有"。因此,东明小区的公建配套设施都是广大业主的私有财产。

小区共有配套设施是小区建设和居住使用不可或缺的设施,是依法必须配套修建的,是小区整体环境的组成部分。现在5号楼被街道办事处占用,并且挪用于非服务于小区业主的某些商事主体,这是个别政府部门对业主权利的侵犯。

规划许可是具有法律效力的,任何人、任何组织对该配套用房的占用,无论出于什么目的,都是违法。对于擅自改变公建配套用房用途的违法行为,法律规定"由县级以上地方人民政府房地产行政主管部门责令限期改正,给予警告"。在这起纠纷中实施违法行为的是政府的一个部门,这就要考验执法部门的执法水平了。

建筑区划内的其他公共场所、公用设施和物业服务用房,属于业主共有,开发商和街道对这些公建配套设施没有所有权,自然也没有处置权,两个无权者就一个他们无权处置的公建配套设施签订无偿使用协议,稍有一点法律常识的人都会知其荒唐。即使属于历史问题,现在也应有及时纠正的勇气,而不是搬出一堆"XX"条文的"XX"规定来百般搪塞辩解。

街道办事处以"为了履行街道作为社区经济的管理职能"无偿占用属于别人的财产,这样的行为已经构成行政乱作为。难以想象这是在《上海市政府信息公开规定》已经实施多年、《信访条例》已经对信访答复行为做出明确规定,《政府信息公开条例》已经于2003年5月1日起正式生效的背景下发生的咄咄怪事。街道办事处或者工作人员,如果不是出于糊弄老百姓的话,那就应该好好学习相关的法律知识了!街道作为一级公权机构,必须明确自己的依法行政的边界,在"立党为公,执政为民"的理念和法律面前明确自身的权限和责任。

5.3 社区邻避冲突

5.3.1 社区邻避冲突:背景及内涵

随着城市化的日益深入在自利动机和社区保护意识高涨下所产生的各类环境冲突,如邻避设施(not in my backyard,NIMBY)及其带来的邻避冲突。所谓邻避设施,通常是指一些有污染威胁的设施,比如垃圾掩埋场、火力发电厂、变电所等。这一类设施,会对全体居民带来较大生活便利和效应,但是它们往往也会引致比较严重的负外部效应。因此,居民一般会在邻避情结的支配下强烈反对它们建造在自家附近,从而引发邻避冲突。按照维特斯的看法,作为一种"不要在我家后院"的主张,邻避情结实际上包含三个层面的含义:首先,它是一种全面拒绝被认为有害于生存权与环境权的公共设施的态度,比如垃圾掩埋场、焚化厂、火力发电厂、核能电厂等;其次,强调以环境价值作为是否兴建公共设施的标准;再次,邻避情结主要是一种情绪性反应,居民不一定需要有技术层面、经济层面或行政层次的理性知识。由此看来,邻避情结可以说是政府公共政策制定与执行上相当难以突破的瓶颈,由此而产生的邻避冲突也必然是当代政府所需要面对的治理问题。

自从迪尔等人(Dear & Taylor,1982)将邻避冲突看成城市地方冲突的特定形式并进行分析以后,国外学术界展开了一系列关于邻避现象的热烈讨论(Gleeson & Memon,1994)。而在我国,围绕此类邻避设施所引发的社区冲突和抗争也在日益增加。[①]

---

① 何艳玲."邻避冲突"及其解决基于一次城市集体抗争的分析,公共管理研究 2006 年第 1 期.

5.3.2 对社区邻避冲突的分析

个案1：由社区邻避冲突所引发的厦门市民"散步"

台资企业翔鹭集团旗下的腾龙芳烃(厦门)有限公司投资的对二甲苯(PX)化工项目在2004年已获得国家发展和改革委员会批准立项。选址在海沧台商投资区南部化工区。这是厦门有史以来投资最大的工业项目,预期总投资额为108亿元人民币,投产后可获工业产值800亿元。

2005年7月,PX项目的环境影响报告书获得国家环保总局审批通过。次年11月,PX项目开始动工。此前,翔鹭集团的PTA/特种树脂等项目已上马。

而就在这两年,20余万购房者入住海沧区。周边的居民无法忍受工厂夜间偷排的废气,多次向厦门市环保局投诉。在当地知名的厦门小鱼社区网站和厦门房地产联合网上,关于化工厂的污染问题讨论始终是海沧区居民的讨论热点,PX项目很快成为一个热点。

厦门人保卫家园的运动因一份政协委员们的提案而点燃。今年3月的两会期间,以全国政协委员赵玉芬为首的100余位政协委员,联名提交了一份《关于厦门海沧PX项目迁地建议的提案》。

提案认为:由于离居民区较近,PX项目存在泄漏或爆炸隐患,厦门百万人口将面临危险,必须紧急叫停项目并迁址。

厦门官方并不正视委员们的建议。但百名政协委员拦阻PX项目上马的消息经媒体披露后,引起了热议。厦门坊间号召抵制PX的街头涂鸦也相继出现。

3月至4月,陆续有多家媒体对市民反对PX项目进行报道。

厦门官方保持了沉默,但不动声色地进行反击——先关闭了集中讨论PX事件的"厦门小鱼论坛",后收缴了披露PX信息的杂志。

5 月中下旬,一条关于 PX 危害的短信开始迅速流传——短信号召市民在 6 月 1 日上街"散步",呼吁 PX 项目迁址。5 月 29 日中午 12 时许,吴贤在家通过 QQ 群向网友们转达了"散步"的信息。下午,警察便将他从家中带走。吴写下保证书不再议论 PX 之事后被释放。

当日,厦门市府声称要保证 PX 项目顺利进行。与此同时,号召抵制 PX 项目的手机短信及网络信息,在民间呈几何级数传播。

5 月 30 日,厦门市府宣布海沧 PX 项目缓建。

事件并未因此而平息,2007 年 6 月 1 日上午 8 时许,三三两两的市民自发上街,手系黄丝带,开始了在此后一年多以来一直未被公众忘怀的集体"散步"。当事者回忆称,散步在平静的气氛中进行,无论市民还是警方,都没有过激行为。持续到 6 月 1 日下午 3 点 30 分,市政府召开紧急新闻发布会,说明 PX 事件已经全面停工并正在重新组织区域规划环评,时间将在半年以上。其间市民若有建议,可以通过正常渠道向政府反映,由政府转达有关专家。6 月 2 日约下午 3 时,人群陆续散去。当日,市政府颁布禁令,要求撤除市面上一切有关 PX 项目的报道,清除互联网上有关 PX 项目的信息。

6 月 7、8 两日,由厦门市科协和《厦门日报》社合编,首批印数达近 25 万册的市民科普读本《PX 知多少》随《厦门日报》一起发行,并同时由厦门市委文明办、市科协等部门组织发放至市直机关各单位、全市各区、各大中小学校、各重要旅游景点、旅游酒店、各大公共场所和交通口岸。

2007 年 12 月 5 日,厦门市政府再次召开新闻发布会,宣布已经完成对海沧南部地区功能定位与空间布局的环评。报告结论为海沧南部空间狭小,区域空间布局存在冲突,厦门市在海沧南部的规划应该在"石化工业区"和"城市次中心"之间确定一个首要的发展方向。同月 13 日至 14 日,市政府主持召开了为期两天的 PX 项目区域环评公众座谈会。包括市民代表、人大代表和政协委员在内的超过两百位与会者参加了讨论。这期间厦门市政府官方网站一度就 PX 项目的建迁问题开设投票平台，但仅持续一天就因绝大多数网民投反对票而取消。

2007 年 12 月下旬，福建省政府与厦门市政府决定迁建 PX 项目，并表示将由政府承担投资企业在初期建厂准备工作中的经济损失。

个案 2：上海市古美社区平阳绿家园居民反对磁浮、温和"散步"

2007 年年底，沪杭磁悬浮上海段优化方案和环保评估报告分别低调地出现在市规划局和"上海环境热线"两个网站上公示。此次规划草案和环评报告两份公示，并未出现在沿线小区的公告栏上，改线后的磁悬浮将从"上海市闵行区古美社区平阳绿家园"穿过的消息根本不为大多数居民所知晓。新方案的公示期为 2007 年 12 月 29 日至 2008 年 1 月 18 日，不少人都是在 2008 年元旦期间看到热心的业主转帖的公示信息，才对这个项目有所了解。

古美社区平阳绿家园位于闵行淀浦河北岸、外环线和沪闵路高架附近，是一个中产阶级社区，2003 年上海房产涨价之前，这儿还是一个混合区，到了 2007 年则已经发展成了一个成熟的居民社区。古美社区平阳绿家园正好在此次磁浮跨过沪闵高架的入地点附近，环境影响首当其冲。

在过去几年中，沪杭磁悬浮项目一直饱受争议，2007 年还一度传出暂停的消息，沿线居民的强烈抗议，部分专家的反对意见以及政府内部的分歧，令该项目举步维艰。

细心的社区居民查看了沪上媒体，均未找到有关这两个公示的公告。相反，有些人看到的是 2007 年 12 月市政府两次例行新闻发布会的情况介绍。在第一次发布会上，上海市环保局局长张全在发布会上谈了磁浮对环境的影响，他说通过对已经建成的磁浮进行检测，3 至 5 米过渡区域之外电磁辐射几乎完全衰减,对周边居民的影响很小。至于噪声问题,当车速达到200公里以上噪声影响非常明显,但可以通过线路优化,以及磁浮在市区限速行驶等方式予以改善。而在接下来的另一次发布会上,市府新闻发言人焦扬公布了磁浮上海机场联络线将进一步优化方案的信息。这一优化方案,眼下即将对古美社区居民的利益产生影响。

很快,经常上内部论坛或通过MSN联系的几十位业主知道了有关磁悬浮的新消息:修改后的沪杭磁悬浮上海机场联络线由原来的34公里改为31.8公里,最高时速限定在200公里,工程将由目前沪磁浮示范线的龙阳路车站起,经龙阳路、白莲泾至世博园区后,以隧道方式穿越黄浦江,再沿铁路新日支线进入上海南站,出南站后沿沪杭铁路至地铁莲花路站,跨过沪闵路沿淀浦河北岸走行,至沪杭铁路外环线后向北至虹桥综合交通枢纽。

通过邻里间的聊天和沟通,平阳绿家园小区居民非常清楚,他们必须尽最大努力建议调整磁悬浮线路,或建议停止该项目,尽管市政府发布会解释了磁辐射,但就像早先反对磁悬浮的市民说的那样,谁也不愿意冒险成为"小白鼠"。

规划局的公示不断在各个小区论坛上转载,元旦之后,陆续有小区业主组织起来,集体向浦东和闵行区信访办反映意见。这个月上旬,各区信访办陆续组织磁悬浮研究中心、市环科所等相关负责人与几个小区的业主分别见面协调。

业主们在见面会上提出了自己的意见:希望沿线受到影响的居民区、机关、学校贴出公示;各大公众媒体转载公示和环评报告;公示期延长到3月5日;要看到环评报告全本和生物(人体)长期安全性试验数据;要求依法召开听证会,邀请媒体参加等要求。最后,他们还要求申请合法在人民广场集会,表达自己的意见。主持见面会的领导表示,大家对磁悬浮的意见可以理解,一些问题可以商量。

从2008年1月6日开始,古美社区居民纷纷走上街头以

"和谐散步"方式持续了近一周不分昼夜的散步抗议行为。共有 30 个受扰小区的千余名市民在上海的几处繁华地区高呼"反对磁悬浮,团结起来,人人加入,反对磁悬浮"。此番上海散步,无论政府和民众,理性和克制的态度贯彻始终。

厦门市民散步和上海市古美社区平阳绿家园居民散步是近几年来国内比较典型的社区邻避冲突个案。

从冲突的危害来看,任何冲突都可能带来冲突各方本身利益的损耗和社会秩序的不稳定。以厦门 PX 冲突来说,2005 年 7 月,PX 项目的环境影响报告书获得国家环保总局审批通过。2006 年 11 月,PX 项目开始动工。在此之前,翔鹭集团的 PTA/特种树脂等项目也已上马。而就在这两年,20 余万购房者入住海沧区。项目前期的巨资投入和居民生活受到干扰,双方利益都受到不同程度的侵害。虽然最后的结果是由政府承担投资企业在初期建厂准备工作中的经济损失,但这一损失显然属于没有任何产出回报的损失。上海磁浮项目由于居民的干预,也被搁置起来,至今都没有任何具体的建设方案出台。沪杭磁浮项目的前期规划工作成为无用功。居民的生活也因此受到了干扰。

从冲突的解决来看,邻避冲突常常需跨越不同的行政区,需要政府间垂直与水平的合作。由于事件本身涉及的各方行政辖属关系纷繁复杂,对社区邻避冲突的解决往往需要政府不同层次的合作。就厦门和上海两城市的邻避冲突来看,不仅仅涉及到两个城市的不同行政区,也涉及到同一个行政区的不同街道和社区,同时还涉及众多相关职能部门,诸如规划局、市容环境卫生局、市人大等。对于这类危机性冲突,一个以良治为目标的现代政府已经不太可能像威权时代的政府那样采取戒严、镇压的手段来加以防止和解决。在我国,这一类问题矛盾冲突作为人民内部矛盾来解读,因此,针对邻避冲突的一切暴力手段都缺乏充足的合法性依据。如:厦门市政府官方网站一度就 PX 项目的建迁问题开设投票平台,但仅持续一天就因绝大多数网民投反对票而取消。福建省政府与厦门市政府决定迁建 PX 项目,并表示将由政府承担投资企业在初期建厂准备工作中的经济损失。而上海散步事件中,政府理性和克制的态度贯彻始终。

从规避和预防邻避冲突来看,政府应该将邻避冲突的解决看成是一个"治理"问题而非"管理"问题。治理意味着存在一个由来自不同领域、不同层级的行动者构成的复杂网络结构。从治理的基础来看,政府仍然发挥主要作用,但是必须与其他行动者合作;从治理的方式来看,既有正式的强制管理手段,又有行动者之间的协商谈判和妥协。因此,邻避冲突的治理过程不仅仅是邻避冲突的解决或者消散,更看成是政府与其他行动者冲突的利益相关者在互信、互利、相互依存基础上进行持续不断的协调谈判、参与合作、求同存异的过程。[①] 虽然厦门的 PX 项目和上海的沪杭磁浮项目最终都以取消和暂停为最后结果,但是这两个事件都体现了政府与民众在这一持续互动和对峙过程中的成长与进步。

5.3.3　社区邻避冲突中的政府角色、专家意见及政府决策

从以上两例邻避冲突可以看到,由于政府对于环保工作一贯以来的漠视,增加了居民对于邻避设施的不信任和反对。这实际上涉及政府在兴建邻避设施的时候所做的规避邻避设施危害的环保配套工作。对于一个有责任感的政府而言,这一类的配套工作当然必不可少,但对于另外一些政府而言,则往往会忽略这类要付出相当成本的事务或者以各种借口推脱扯皮。

交易成本理论告诉我们,对于民主体系下的自由市场,政府的职责在于透过制度面的强化如对环境权、财产权的界定、信息的提供,以及对交易者义务履行的监督等方面的功能,来降低市场运作的交易成

---

① 何艳玲. "邻避冲突" 及其解决基于一次城市集体抗争的分析,公共管理研究,2006 年第 1 期.

本。因此，为了有效地治理冲突，政府的角色必须加以厘清与界定。

作为制度和游戏规则的供给者，政府应该在邻避冲突中保持中立角色，以增加裁判和调解时的公信力。政府所扮演的这一角色又有两种情形：第一，如果邻避冲突发生在开发者与居民之间，由于讨价还价过程中双方分歧太大而导致沟通无法进行，这个时候政府应该扮演裁判的角色。第二，在另外一些情形下，政府本身就是冲突的一方，在这个时候，政府首先当然会有自己的立场，但是这种立场的坚持不应该依靠政府背后的权力支持，政府应该作为平等的对话者参与到与冲突另外一方的谈判中。[1]

由上可知，政府角色会在很大程度上决定政府的决策，而任何一项决策都会对利益相关者产生影响。决策理论告诉我们让利益相关者参与决策的必要性和重要性。在利益冲突或不相等的背景下，在一项决定可能使部分人受益部分人受损，或有人受益多有人受益少，或有人受损多有人受损少的情况下，让利益相关者参与决策过程，表达其利益诉求，这会对决策的最终结果产生积极影响，并减少决策结果可能引发的后遗症。[2]

在中国，长期以来政府的决策通常由政府说了算，公众基本上被排斥在外，他们是政府决策的局外人。这一点如果在计划经济时代还可以理解的话（因为在那时并不存在严格意义上的个人利益和团体利益，所有利益都被统一到国家这一最高利益之下去了。政府作为国家利益的天然代表，可以堂而皇之地以人民的名义或国家的名义来替人民做决定，而人民也接受了人民政府——尤其是作为解放者的政府——为人民做主的这一实际做法），那么在今天，这种状况很难再继续下去了，因为市场经济确立了个人利益和团体利益，政府

---

[1] 何艳玲."邻避冲突"及其解决基于一次城市集体抗争的分析.公共管理研究，2006 年第 1 期.

[2] 竺乾威.地方政府决策与公众参与——以怒江大坝建设为例.江苏行政学院学报，2007 年第 4 期.

无法在所有问题上再以人民的名义来做决定,因为人民已经被利益所分割。尽管他们有共同的利益,但在一些利益上他们是互相冲突的。这也从技术性角度论证了为什么公众要参与政府决策的一个道理,因为这种参与有利于政府做出相对来说能为社会所接受的决定。① 在厦门 PX 项目和上海沪杭磁浮项目的整个决策过程中,居民作为利益直接相关方却始终没有出现,甚至他们完全不知晓这两个项目已经被批准立项并低调公示。

代替了相关社区居民话语权的,是另外一群人——专家。专家从专业角度对决策所能做出的贡献导致决策过程中专家的参与在某种程度上已成为决策过程中的制度性构成之一。但是,专家的角色决定了他的贡献只是专业上的贡献,他是从自身的专业角度考虑问题的,他的价值也就在这里。然而,决策问题不仅仅涉及技术层面,它还会涉及政治、经济、社会等层面,这些方面可能不是一些专家之所长。此外,对同一问题,专家也会有不同意见,就政府决策最终因民间的反对力量而被改变这一点而言,这在中国地方政府决策中是有意义的。这一意义在于公众参与产生了真正的作用而不再流于形式。在我国政府决策过程中,确立专家咨询制度是降低决策风险的一种正式的规则性安排。但是,这种正式的规则性制度约束反过来也会对一些决策者产生约束。当决策者感到这一约束有违自身的价值取向或偏好时,他会对这一制度安排产生不满。这种不满在于,对他而言,现行的专家决策咨询制度结构(至少在某一次决策中)的净收益小于另一种可供选择的制度安排和制度结构。因此,在这里出现的并非是一种制度变迁而是在维护这一正式制度安排的情况下,以潜规则的形式来修正这一制度。

因此,改革开放后,把公众参与列入政府决策过程是完全可以理解的。但参与也是一把双刃剑,它增加了政府决策的难度,政府无法

---

① 竺乾威. 地方政府决策与公众参与——以怒江大坝建设为例. 江苏行政学院学报,2007年第 4 期.

在决策过程中一手包办和说了算。因此,也就产生了形式上的参与和实质上的参与。形式上的参与和实质上的参与是不一样的。形式上的参与只是一种点缀,最终满足的是政府的自负。而实质上的参与可能会改变政府的决定或原有想法。由于地方政府比较通行的是形式上的参与,因而这也是怒江建坝决策遭民间力量反对而被搁浅之所以会如此引人注目的一个原因所在,它在某种程度上开启了一种实质性的公众参与(当然,并非一定要政府失败才算是实质性的)。①

5.4　社区文化冲突

社区文化是文化的空间状态,是社区居民在特定的地域内,经过长期实践而创造出来的物质文化和精神文化的总和。②

文化冲突论是上个世纪三十年代末由美国社会学家索尔斯坦·塞林(ThorstenSellin,1896—1941)提出的一种观点。1938 年塞林出版了《文化冲突与犯罪》(Culture Conflict and Crime)一书,阐述了他的"文化冲突理论"(Culture Conflict Theory)。塞林在该书中指出,长期生活在某一文化区域中的成员移民到另一文化区域时,他原先所具有的文化准则与移民地新的文化氛围往往发生冲突。这一理论既适用于地理上分隔的地区间的人口流动,也适用于城市周围毗邻地区之间的人口流动。可以说在人口流动迅速的今天,这一理论更具有现实意义。

要想深刻理解文化冲突的基本内涵,必须从以下三个方面入手,其一,它描述的不是某一文化内部文化形式之间的矛盾或不和谐关系,也不是某一新产生的文化特质与原有文化整体的关系,而是两种不同的文化模式或文化精神的关系。其二,它主要是指两种不同的

---

① 竺乾威. 地方政府决策与公众参与——以怒江大坝建设为例. 江苏行政学院学报,2007 年第 4 期.

② 于显洋. 社区概论,中国人民大学出版社,2006:220.

文化模式或文化精神相互接触、彼此抗衡,最终导致一种文化模式或文化精神逐渐被超越,另一种新的文化模式或文化精神取而代之的过程。其三,它揭示的不是文化模式或文化精神发展的常规状态,而是其断裂状态,是一种文化模式或文化精神被一个新的文化模式或文化精神所取代的过渡时期,是某一文化发展连续性的中断。①

社区文化冲突是社区冲突中一种很重要的类型。从宏观层面来看,社区文化冲突是新旧两种文化模式的冲突;从中观层面看,社区文化冲突是社区本身固有的文化特质冲突;从微观层面来看,社区文化冲突是社区中的不同人群、不同阶层的心理文化冲突。

5.4.1　新旧文化模式冲突

目前中国的社会转型是历史上空前激烈的转型。社会转型这个大的背景为文化冲突提供了最适宜的土壤。

在社会转型背景下,不同文化模式之间以及文化模式中占主导地位的不同文化精神之间的文化冲突日益成为我们不得不面临的问题,可以说纵横交错、纷繁复杂的文化冲突构成了人们今天生活的主要内容并不可避免地渗透和彰显于社会生活的各个层面。这主要是因为社会的突然巨变给人们的生活带来了太多的不安和困惑,此时,人们最有可能到文化中去寻找生活的意义和根据,正如米勒指出的那样:"在变革的年代里,人们突然感到无所适从,因为现代化破坏了生命的世界性原始背景,人们失去了原有的生活依托,今天的世界已变得不再可信了。同样,民族的文化价值和有效性也受到质疑。而这将导致一场非常严重的危机,并孕育着巨大的危险。人类不像动物那样,他们缺乏对付危险状况的直觉应对本能,因此人类在危险来临的情况下,总是动用曾用于解决生存问题的文化工具。"

社会转型期是新旧文化模式更替的时期。在社会发生转型之前,人们在一个相对稳定的文化模式中生存,此种文化模式有效地规

---

① 李庆霞. 社会转型中的文化冲突. 黑龙江大学博士学位论文,2004 年 5 月.

范着社会成员的行为，个体和社会都相信其中的文化精神。到了社会转型期，现有的文化模式出现了严重的危机，其稳定性也遭到了一定程度的破坏，社会的主导文化精神开始引起了人们的怀疑与批判；而新的文化精神还未确立，整个社会处于无序的状态，这是社会发展的一个质变时期。在这个时期，没有统一的文化模式，没有确定的文化精神，各种文化形式从彼此和谐的关系转变为互相矛盾的情形，不但旧的文化形式之间相互冲突，新旧文化形式之间也互相对抗，在抗衡中新的文化模式逐渐形成，并取代旧的文化模式在社会中占据统治地位。至此，社会转型期宣告结束，从此社会又进入了常规发展的时期。总之，社会发展的不同时期有不同的文化模式，关于这一点摩尔根早有论述，他指出：人类社会的发展"每一阶段都包括一种不同的文化，并代表一种特定的生活方式"。

既然不同的社会有不同的文化，那么社会转型期自然也就是不同文化的冲突期，是新旧文化的过渡期，是新文化的形成期。总之，社会转型意味着现有的文化模式受到摇撼和震动，现有的核心价值观念和主导规范遭到颠覆和冲击，新的文化形式和模式以及价值观念以不可遏制的力量纷纷出现，新旧文化在同一时间相遇，在同一空间碰撞，社会转型就是两种文化相互抗衡、彼此冲突，新的文化解构、战胜和取代旧文化的过程。①

社区，作为社会生活的最直观、最具体的场所，不可避免地处于社会转型所引发的文化冲突中，并将宏观的文化冲突彰显在人们生活的最微观层面。

5.4.2　由城市文化生态特质本身所引发的社区冲突

滕尼斯最早使用 gesellschaft 这个概念，通常中文译为"法理社会"，法理社会的特征是更多的理智与工于心计，人们首先关心的是自己的私利，契约和个人主义至上。这正是城市社区的固有特质。

---

① 李庆霞. 社会转型中的文化冲突. 黑龙江大学博士学位论文, 2004 年 5 月.

自滕尼斯以来,西方社区研究的一个核心主题是:在个人至上的工业化和现代化社会,一群陌生人如何超越个体私利形成具有集体责任感和归属感的社区?经典社区研究——人类生态学、社会系统与结构功能主义以及社会互动论分别从空间竞争、价值共识和符号互动的角度解释了社区的形成和整合机制。

1903 年,齐美尔曾发表名为"城市与精神生活"的论文,指出农村与城市给予人的影响是不同的,农村生活节奏和感官刺激都比较稳定和平缓,相比之下,城市则是一种强刺激环境,给居民带来过度的心理负荷,为了适应这种环境,城市人不得不改变他们的心理与人格,不得不理智地对待纷至沓来的各种人和各种事,不得不工于心计以区别那些重要与不重要的刺激,对不重要或不涉及个人利害关系的刺激不予以关注,而集中精力对付那些重要或对个人利益有关的刺激。这样就使城市人渐渐形成老于世故或"奸诈冷淡"的人格,而整个城市社会也就变成重理智、重效率的社会。齐美尔进一步指出,城市代表着高度理智、高效率的社会活动和庞大而复杂的社会组织,而为使城市所有活动能顺利进行、社会组织能顺利运转,必须有一种共同的媒介,这就是金钱,只有金钱才是最具效率的媒介。"城市始终是金钱经济的地盘",这样,城市中人与人的关系也就变成了金钱关系。

1938 年,沃思发表了名为"作为一种生活方式的城市性"的论文,他认为,城市具有三种生态学上的特质,即众多人口、高密度、异质性。这三种特质,不可避免地使城市形成不同于农村的生活方式,并带来了许多社会问题。

众多的人口必然会出现大量的潜在差别,特别是文化上的差异性促进了"社会裂化"的过程,城市人通常是作为高度分化的角色相遇的,他们之间的接触多是肤浅的、短暂的、支离破碎的、非人格的,城市人是以次级关系而不是初级关系为特征;大量人口本身还必然造成分散与混乱。人口密度使人们易产生厌烦的心理,促使人们丧失了对他人"较有人情味的方面"的感受能力,变得麻木不仁甚至冷漠无情;高密度还使得居民在身体方面接近,同时又扩大了彼此的社会距离;密度过高还会引起反社会行为的增加,因为越是拥挤的地方,越容易造成摩擦与冲突。异质性的后果是容易带来人际冲突增加,人与人之间猜疑多于信任,彼此不再是互助互赖,更多的是猜忌与利用,是金钱计算的关系。[1]

这种特质的直接后果就是居民社区参与意识的弱化。在我国城市社区建设运动过程中,居民并非一个抽象的整体,而是不同的居民群体有着不同的需求,参与不同的事务,采用不同的行动策略,形成不同的互动关系,形成不同的社区认知和认同。

社区参与的类型

		参与决策过程	
		否	是
公共议题	无	强制性参与(福利性参与)	自发性参与(娱乐性参与)
	有	引导性参与(志愿性参与)	计划性参与(权益性参与)

福利性参与:国家给你钱,叫你出来做事是应该的。在政府主导的社区建设运动中,出现了一批用来在社区参与方面发挥带头示范作用的社区志愿者队伍。

志愿性参与:把环境搞好,大家都有一种责任。与低保居民一样,社区志愿者队伍中的离退休党员和门栋组长也是社区参与的主体之一,他们参与的社区事务和社区活动也主要是社区环境、社区治安、协助居民委员会日常工作等社会控制事项。

娱乐性参与:我们就是为了娱乐,心情愉快。早晨和晚上,在城市的许多公共场地,我们都会看到跳舞、练太极拳、做操等进行身体锻炼的人群。

权益性参与:和谐社会是什么标准? 就是不能剥夺老百姓的利益。与其他三种参与类型相比,权益性参与的特点在于它是居民自

---

[1] 夏建中.“社区”概念与我国的城市社区建设.

我组织的、有计划地保护住房产权和住区环境的过程。①

5.4.3 外来流动人口进入城市社区所引发的冲突

转型期,随着人员流动加剧和新兴阶层的不断出现,文化心理冲突逐渐散布开来,尤其以一线城市为重。主要表现为大量生存在城市中的农民工和生存在大城市的"蚁族"与城市居民之间的文化心理冲突、城市文化特质本身所引发的社区冲突,以及城市不同阶层之间的文化心理冲突等。

1) 农民工与社区居民之间的文化心理冲突

农民工,指的是身在城市从事非农业工作的农业户口的工人。农民工是我国特有的城乡二元体制的产物,是我国在特殊的历史时期出现的一个特殊的社会群体。当前农民工入城已达 2 亿,如此巨大的外来群体的闯入对城市生活和城市文明造成了巨大冲击,其中由此引发的外来农民工群体和原有城市市民群体的紧张关系局面是一个绝不容忽视的问题。

由于我国地域辽阔,不同地区的风俗习惯、道德标准的差异广泛存在,历史地形成了完全不同于城市的文化习俗和价值观念。在我国,目前的农村文化尤其是经济欠发达地区仍然深受传统家族文化的影响。家族文化有以下八个特点:血族性、聚居性、等级性、礼俗性、农耕性、自给性、封闭性、稳定性。与此相反的是现代社会文化,这种文化也具有八个特点:社团性、流动性、平等性、法制性、工业性、交易型、开放性和创新性。由此可见,农村文化与城市文化差异是很大的,而当农民工进入城市后,两种异质文化的撞击和冲突就不可避免发生了。有些农民工固守了自己心中的乡土文化、恪守宗法伦理,但这却被城里人讥笑为社会理想上的平均主义、经济上的狭隘功利主义和心理上的封闭主义以及保守的思维方式等等。

---

① 杨敏. 作为国家治理单元的社区——对城市社区建设运动过程中居民社区参与和社区认知的个案研究.

农民工作为城市的建设者,具有明显的"边缘人"特征。所谓"边缘群体",这里主要是指从农村涌入城市生活、打工的农民。他们在现存的尚不完善的体制和城市管理机制的条件下,是这样一个群体:没有城市居民的合法身份,在城市中社会地位低下,没有固定的生活来源、没有固定的住所,缺少在工业化城市里生存和发展的知识和技能,只能从事城市里的简单体力劳动或者从事非法状态的工作。他们作为弱势群体在未能融入城市主流社会之前只能以都市"边缘人"的方式存在。严格地说,"边缘群体既不是一个法律概念,也不是个学术概念。他们主要由下列四类人共同构成:一是农民进城长期务工者,俗称"民工";二是失去土地的农民,但因种种原因仍未转为非农业户口者;三是上述两种人在城市中长期抚养、赡养的人口,一般指老人和儿童;四是城市流浪人员,包括无业青年、辍学少年等。

作为"边缘群体"中的一部分,农民工一方面留恋城市相对丰富的社会资源和现代化的生活方式,但又对城市主流社会的一些排斥和偏见顾忌重重,造成其在身份和生活空间之外的更深心理层面上的边缘化。而城市居民由于先天具有的"城里人"身份,在心理感受上有一种天然的优越感,不能从心理上接纳农民工。城市是现代文明的象征,城市也是文化交流最集中、频繁的地方,而大部分的农村文化相对比较落后。农民工的生活介于农村与城市之间,在他们身上,城市文明与农村文化相互碰撞得最为激烈。但是,城里人却瞧不起边缘群体身上的"泥土气息",不肯接受这种"外来文化",把他们所从事的一些活动视为"低级趣味的"。农民工群体在家乡所承袭的文化传统、价值观风俗习惯被视为愚昧、无知。

强化理论认为,他人表现出与自己的相似是一种社会性支持,具有相当高的强化力量,所以彼此之间的吸引力就产生了。"相似"产生人际吸引力。一致律认为有相似的心理背景、相近的人生价值取向的个体易于自发地组织成非正式群体,并通过他们的共同认同而逐渐凝聚成为有结构的组织。农民工进城之后,在和市民交往的过程中,由于彼此分属于不同的群体,很快就在心理上对对方形成了刻板印象,并在不同层面表现出冲突。

农民工与市民的冲突的表现是多种多样的。从冲突的强度和方式看,主要有心理上的相互抵触、语言上的轻微口角争吵、行为上的肢体冲突,还有群体性的罢工、怠工、集体上访、违法犯罪等;从冲突的领域看,涉及政治、经济、文化等各个方面;从冲突的责任看,有普通民工与"问题市民"之间、"问题民工"与普通市民之间的冲突等。

零点调查公司自2003年以来持续三年对京沪穗汉等地外来务工人员调查,发现有18%的外来人口感受到当地居民的强烈歧视,45%的外来人口感到有时会受到某些城市居民的歧视,有60%的外来人口表示他们"不敢也不愿与城里人交朋友"。多数农民工对城市居民的歧视采取忍受的态度,可是心理上的不满是无法消除的。

在市民和农民工两大群体互动中表现突出的就是双方的偏见所产生的憎恨、妒忌等。利益分配、社会保障向城市的倾斜伴随着长期的城乡二元隔离,城市的优势地位使部分城市人很自然地产生优越感,不仅认为农村和农村人是贫穷、落后、下等、愚昧的,而且认为对城市的资源拥有一种理所应当的支配权,农村人是无权享用的。在城乡分隔的情况下这种群体间偏见尚处于隐蔽状态,但伴随着农村劳动力向城市的流动,农民工与市民之间互动日益密切,在城市资源分配上不可避免地产生竞争,这种偏见也就日益暴露出来。偏见的存在使两大群体的互动伴随着憎恨、妒忌,往往是互动越频繁,隔阂越深,关系越紧张。两个群体在紧张的空气中,冲突有时候会因为一句带有歧视性的话或一个带有偏见的眼神而突然发生。[①]

赵恒等人提出,市民对农民工的肯定和认同主要是出于他们承担了城市中最艰苦的工作。这些年来,农民工给城市增添了大量富有活力的年轻劳动力,为城市建设做出了巨大贡献,这是有目共睹的。市民对农民工的抱怨主要有两个问题,第一是导致城市违法犯

---

① 束鹏.西方社会冲突理论:当前我国农民工与市民利益冲突研究的一个视角.江苏教育学院学报(社会科学版),2005(05).

罪的增加,第二是抢走了城里人的工作机会。这些认识是可以理解的。首先,近年来城市犯罪率呈上升趋势,而农民工犯罪在其中又占有一定比例。由此可见,相当一部分农民工认为受到了城里人的歧视。农民工受到歧视主要发生在两种场所:一种是公共场合的歧视,比如火车上、公共汽车上,以及商店等地方。这时候农民工需要和众多市民或售票员、售货员交流,在人地生疏、言语不通等压力下,加之服务人员等的态度不好,使农民工深深地感觉遭到歧视。另外一种是居民家庭中的歧视,这主要是一些保姆遇到的问题,包括涉及女性遭遇骚扰的问题。①

农民工进入社区引发文化心理冲突,其根源在于中国社会的二元社会结构。二元社会结构理论最早是由荷兰经济学家博克在观察荷兰殖民地印度尼西亚的社会经济时提出的一个概念。二元社会结构指的是,在一个国家内存在着两个完全不同质的、相互独立运行的社会子系统,二元社会结构反映在生活条件、生活方式、生活观念等诸多方面,是个人力量难以逾越的沟壑。城乡二元体制改革已经成为我国当前最迫切、刻不容缓的任务之一。对于城乡二元体制,农民工已构成了中国社会结构的"第三元",他们既是城乡文化冲突的承受者,又是中国社会转型期二元结构两极沟通的桥梁。

2) 农民工犯罪所引发的社区文化冲突

对于从相对闭塞的农村来到繁华都市的农民工来说,城市文化对他们心灵的冲击是异乎寻常的。农民工进入城市,不仅是简单的地区流动.职业角色的简单转换,而且更经历文化观念的碰撞。现代的城市文化和传统的农村文化在这个特殊人群——农民工中间产生了激烈碰撞。

一方面,他们出生贫困的农村,生活水平、社会地位都很低下,有着强烈的获取财富、改变命运的动机。另一方面,在个人素质不高的

---

① 赵恒. 冲突与融合:农民工与市民关系研究——基于西安市农民工和市民的社会调查. 特区经济,2007(08).

情况下,他们没有获得更多金钱的能力,加上农民工又处于社会管理和教育两不管地区,失去社会的约束力,在诱惑面前极易走上邪路。某些农民工看透了城市文化中追名逐利的故事,彻底抛弃了自然习得的道德本分,代之以极端的拜金主义、享乐主义和个人主义,然而这却造成了人生观价值观的扭曲、道德失范、急功近利。而由于制度原因所造成的城乡隔离和农民工客观上脱离于乡土社会控制之外的状况,使农民工既无法融入主流社会又游离于本土文化规范体系之外,他们实际上处于文化空白带上。在这种情况下,某些农民工的行为逐渐发生异化,既脱离出流出地农村地域文化的认同范围,又不被城市主流社会文化所接纳,从而导致激烈的文化冲突。这样就必然在他们身上表现出一种新型的文化,即乡村文化与城市文化混合在一起的"边缘亚文化"。"亚文化规范发展的地方,是对抗价值观形成的场所,它直接影响着亚文化的构成,并且会引起与社会的冲突。"

尤其是当他们看到自己周围不同阶层的人住的是高档社区,吃的是豪华饭店,穿的是名牌服装,想到自己整天干的比他们多、工作比他们累,为城市做出的贡献那么大,却不能和他们同样享受城市生活,内心产生一种失落和不平,这种感觉从困惑到苦闷再到冲动,从而引起心理扭曲,导致越轨行为,可能引发犯罪。

从目前农民工就业分布来说,在许多城市,农民工主要集中在服务业和建筑业两大领域。二者相比,从事娱乐、餐饮、美容美发、家政服务等服务业的农民工,还有一些基本的文化生活,比如看电视和报纸。但从事较为艰苦的建筑业的农民工则90%以上没有什么业余文化生活,聊天、睡觉、打牌赌钱、闲逛是他们打发空闲时间的主要方式。

农民工在出门打工之前带有很大的盲目性。往往听信老乡的介绍,或者在根本对即将从事的工作不作任何了解的情况下,带上很少的路费和生活费就来到完全陌生的城市。由于素质偏低,适应城市生存能力不强,获取工作的机会短缺,竞争压力激烈,他们或者根本找不到工作,或者从事低收入高强度劳动。在没有生活保障的情况下必然沦为城市的新贫困群体和弱势群体。抱着发财梦想的农民工一方面怀着城市致富的高期望动机，一方面承受着生存境遇艰难、生活环境恶劣残酷现实，二者对比产生了巨大的心理落差。少数农民工走上了犯罪道路。农民工犯罪呈现如下特点：

第一，涉案人员中青年比例高。据某法院统计，在一年的农民工犯罪案件中，472名被告人平均年龄为29岁，其中30岁以下的383人，占总人数的81.1%。

第二，涉案人员文化程度低。据某法院统计，被告人中，文盲14人，小学文化130人，初中文化221人，其中绝大多数人初中尚未毕业，可见，有很多人没有完成九年制义务教育就来到城市打工。

第三，涉案人员就业情况不稳定。被判决的被告人中，没有工作的为317人，占总人数的67.2%。而其余的被告人中有失业经历的达八成之多。还有一部分被告人虽然找到了工作，但系临时用工收入很少。

第四，涉案人员中有前科人员占一定比例。被判决的被告人中，累犯74人，曾受过劳动教养的32人，还有一部分人受过不同程度的治安管理处罚。并且这些人流动性强，再次犯罪率高，受过法律处罚不久又到别地重新犯罪，屡罚屡犯，有的甚至刚被刑释就在服刑地重操旧业。

第五，犯罪类型以侵财性案件为主。472名被告人中，犯盗窃罪的306人，抢劫的40人，抢夺的14人，诈骗的9人。

第六，"同乡"纠集进行共同犯罪。在共同犯罪案件中，被告人来自一个地区的占案件总数的74%，他们或为邻居，或为亲戚，抢劫等侵财性案件的增多。

农民工进入城市社区引发了与社区居民的文化心理冲突，而农民工犯罪，又再次将他们与社区居民的文化心理冲突推向激化的程度。

3）"蚁族"寄居城市社区所引发的文化心理冲突

除了农民工之外，还有一个群体——"蚁族"在中国大城市中的大量"寄居"也引发了社区心理文化冲突。

"蚁族"指80后大学毕业生低收入聚居群体，是对毕业后无法找到工作或工作收入很低而聚居在城乡结合部的大学生的形象称谓。随着中国社会城市化、人口结构转变、劳动力市场转型、高等教育体制改革等一系列结构性因素的变化，越来越多的大学毕业生选择在大城市就业，"蚁族"的数量急剧增加。"蚁族"与一线城市社区能否和谐互动不仅仅是他们自身的前途问题，更是关系到北京、上海、广州、武汉等一线城市社区建设的大事。所以，尽管"蚁族"还没有形成社会学意义上的"社会阶层"，但日益显现的"蚁族"现象应当引起社区研究者的充分关注和重视。

据中国人才流动中心大学生就业部处长孟向红介绍，2009年全国高校毕业生就业率是74％，和2008年基本持平。但今年中国高校毕业生的基数较大，而且明年预计有630万高校毕业生，就业形势非常严峻。据统计，仅北京一地就有至少10万"蚁族"，全国有上百万的规模。随着我国大学毕业生就业形势的持续严峻，"蚁族"的数量在未来几年内必将急剧增加。

"蚁族"是继农民、农民工、下岗工人之后出现在中国的又一弱势群体——大学毕业生聚居群体。之所以把这个群体形象地称为"蚁族"，是因为该群体具有诸多同蚂蚁类似的特点，如高智商、群居态、个体弱小等。

从"蚁族"的人员构成看，大多数出生在80后，来自农村或县城的中低收入家庭。这种来自弱势群体，历经拼搏和全家的资助之后，又成了大城市中弱势群体的大学毕业生，自身的心态调整十分困难。

从"蚁族"的经济收入看，其收入水平较低，且很不稳定。由于"蚁族"没有固定的住所，居住在终日不见阳光的地下室或者"群租房"之中，不断忍受小饭馆、小网吧、小诊所、小工头的盘剥，与黑社会势力也或多或少有一定接触。

从"蚁族"群体的精神生活看，现实的生活困境与"富二代"形成极为强烈的反差。在重重压力之下，"蚁族"群体自卑、封闭、敏感、愤懑、仇恨、敌对。在难以忍受又不得不忍受的太大刺激中，"蚁族"在婚姻和恋爱的问题上的挫折也比同龄人更多，普遍处于心理亚健康状态。人与人之间共同生活的空间越局促，互相之间的影响就越强烈，发生极端行为的环境心理条件就越充分。

从"蚁族"的群体认同看，以发泄为主的行为方式往往会自发地生成。大学毕业生怀揣梦想进入大城市"寻梦"，由于找不到工作或者一直没有找到理想的工作，呈现为"恶梦初醒"或者"恶梦未醒"的状态。"蚁族"群体为取得群体认同聚居在一起，又在群体认同中积累对生活的误解与错觉。"蚁族"以互联网、手机为主要沟通工具，情绪在互相之间的交叉影响和感染非常严重。一呼百应、盲目随从，容易出现发泄与起哄的交织行为。

在一般情况下，"蚁族"对正常的社会秩序不会产生太多的影响。但是，"蚁族"一旦出现局部的冲突行为或者遇到某种具有"火星"作用的触发因素，就可能在瞬间成为其所在社区的不安全因素。

英国圣安德鲁斯大学研究群体行为的社会心理学家斯提芬·里切尔认为："在许多情况下，通过群体聚集表达看法就是解决问题的办法。"我们应当看到，"蚁族"的聚居是为了寻求更好的发展前途，其本身是充满活力和希望的，但是，"蚁族"又处在收入偏低、生活质量很差的环境之中，理想与现实、自身与他人、家庭的期盼与自身的窘困等巨大的落差很容易使他们出现行为偏差。

"蚁族"大多是上世纪80年代后期出生，没有务农技能，一心希望在城市就业落户。他们追求的不仅是收入，还有社会地位。相比较而言，蚁族在城市安身立命的欲望比新一代农民工更为强烈和坚定，内心的痛楚也更为激烈。由于蚁族的人员构成主要是高校毕业生，不仅仅是"找工作很艰苦，干工作好辛苦，过日子心更苦"的窘困现实，更重要的是心理落差造成的巨大心理压力，使他们变得格外脆弱和冲动。

这里，有必要介绍1963年由美国气象学家爱德华·洛伦兹（Lorenz）提出的蝴蝶效应（Butterfly Effect）理论。蝴蝶效应最常见的形象表达是:"一个蝴蝶在巴西轻拍翅膀,可以导致一个月后德克萨斯州的一场龙卷风。"是指在一个动力系统中,初始条件下微小的变化能带动整个系统的长期、巨大的连锁反应。

可以肯定地说,"蚁族"现象将会在中国城市社区长期存在。如果整个社会就业岗位的供给不能大幅度增加,未来的高校毕业生还会不断加入蚁族的行列。

社会风险理论认为,社会风险首先在社会低层积聚,制造风险的人迟早要遭受风险。从微观层面来讲,"蚁族"本身就是一个心理文化矛盾体,与当地的城市居民相比,他们有更强烈的逆反心理、求富心理、过客心理和自卑心理;从宏观来看,他们长期寄居在城市社区,又难以真正融入到城市社区,更无可能成为社区稳定和社区建设的中坚力量。总之,"蚁族"在中国城市的大量寄居,既是社区文化心理冲突的根源之一,亦会成为城市社区不稳定的一个要素。

4)老"知青"与社区居民的文化心理冲突

"知青"问题是一个历史遗留问题。"知青"本来也是城市社区人。由于历史原因,当初大批青年响应国家号召上山下乡。如今按照政策,他们当中的许多人再次回归城市。这些"知青"由于与长期生活在城市的居民有差异,经常在户口、工作、住房、养老、医疗、子女入学等方面引申出一些矛盾。若不能妥善解决,就会演化为引起经常上访的人民内部矛盾。

5.4.4 城中村社区与城市社区的文化冲突

关于"城中村"问题的研究起始于 20 世纪 90 年代后期。当时,中国东南部一些发达城市如广州、深圳在快速城市化过程中首先出现了的大量"城中村"现象,并逐渐引起了许多学者的关注。对于"城中村",众多学者从不同角度下过许多的定义。

A. 从亲缘关系界定,如李培林认为"'城中村'的外部形态是以宅基地为基础的房屋建筑的聚集,实质是血缘、地缘等初级社会关系的凝结"。

B. 从产权和经营制度界定,如韩潮峰认为"'城中村'是指在城市总体规划区内仍然保留和实行农村集体所有制、农村经营体制的农村社区"。

C. 从社会形态界定,如张驰、王芙蓉认为"城中村"是指在城市建成的区域范围内所保留的社会及管理方面等依然承传农业社会的农村聚落点。

D. 从土地关系和形成原因角度的定义,如李钊认为"所谓'城中村'是指在城市化快速推进过程中,城市将一些距新、旧城较近的村庄包入城市建设用地内,这些被纳入城市建设用地的村庄"。

E. 从管理体制角度的定义,如郑庆昌、陈勇认为"'城中村'或'都市里的村庄',指的是那些原来的农村,由于城市的扩张变成为城区,现已基本没有耕地,没有农业,也没有农民,但仍按农村管理体制来管理的城市中的特殊社区"。

F. 从房屋建筑角度的定义,如韩荡认为"城中村"是指在城市范围内,在原农村居民点范围内形成的与周边城市环境构成鲜明反差的以原农村居民"一户一栋"为基本特征的特殊居住区,也称"都市里的村庄"。

城市社区忽然闯入农村社区势必带来两种社区文化的碰撞和冲突。

农民的市民化是城市化的必然之路,而率先在城市中定居的"城中村"失地农民则是农民市民化最早的一批先行者。城市包围下的"城中村"自身独特的环境和特点,不可避免地影响着"城中村"失地农民的市民化进程,使他们的价值观念,生活方式发生改变,他们已经实现了行政居住地域上的转变,但是,城市扩张覆盖村落,并不意味着村落中的人们完全变为城市市民,除了村委会变为居民委员会的名称改变之外,"城中村"失地农民向市民角色的转换,还伴随着非农化问题、制度保障问题、社会关系重塑问题、思想意识变迁问题,以及社会行为模式等方方面面的转变,"城中村"失地农民的市民化过程深刻地反映了农民在城市化浪潮下逐步转变为市民的艰难历程和种种矛盾。

根据美国社会学家威廉奥格本"文化堕距"理论认为,由相互依赖的各个部分所组成的文化在发生变迁时,各部分变迁的速度是不一样的。一般来说,总是物质文化先于非物质文化发生变迁,价值观念的变迁是最难的。"城中村"村民一方面迈入了城市的市场经济环境,开始接受城市文明的洗礼,在"城市化"过程中获得了土地、房产等利益,实现了超越一般城市居民的富裕。但是另一方面他们在价值观念、社会生活习惯和行为方式上却仍然保留着传统文化的深深烙印。可以说,村民文化素质的提高还跟不上物质层面的转换速度。

城中村村民的生活方式虽然已远离了传统农业社会模式,他们也已经摆脱了日出而作,日落而息的生活方式,村民的言行举止和穿着打扮趋于城市化,各种家用电器已经基本普及村中各户,有的村民甚至已经具备了购买私家车的实力,但传统的思想观念和散漫的生活习俗,仍与现代城市生活的要求有一定差距。一些村民的生活习惯使得城中村更像一个农村的大杂院。有的村民就在路边做饭洗菜,很多居民的衣服随便地晾晒在家门口的墙头、树枝上,家家户户墙头都竖立着简易电视天线。

当城市逐渐将城中村包围起来、并且征用了这些村庄的土地后,城中村的周围也就出现了越来越多的城市社区,原住村民和周围城市社区的市民就这样在城市化的过程中相遇了。然而由于过去城乡居民之间长期缺乏交往机会,他们之间似乎仍然存在着一些隔阂和相互排斥。

由于历史原因,城乡二元户籍制度安排所确定的农民与市民的身份区别,使得城市居民在心理上长期有种优越感,存在着对农民观念上根深蒂固的偏见和歧视,尽管村民现在都已拥有了城市户口,在户籍意义上也成为了市民,但周围城市社区的市民在观念上仍然把他们当成是"郊区农民",认为这些城中村仍然是个"农村",城中村环境的"脏乱差"与周围城市社区的文化娱乐设施及物业管理相比,更加深了城市居民的这种认识。城市居民在看待城中村"新市民"的生活时，心情是复杂而矛盾的，一方面，他们羡慕村民在城市圈地运动中所获得的经济利益，另一方面又看不起村民们的生活环境和整日无所事事的生活方式。

而城中村村民在与城市居民的交流和信息传播中，不断感受着城乡文化的激烈碰撞和交流，在穿衣打扮、行为方式等方面渐渐地向城市居民靠拢。当然，他们对周围的邻居也有自己的看法，认为周围所谓的"城里人"冷漠自私，"自以为高人一等，其实没什么了不起"，有的村民甚至认为自己在某种程度上生活得比他们还好，不必为存钱买房而牛马般地干活，不用外出工作而可以在家休闲地享受家庭生活。由此可见，城中村村民与周围城市社区的市民之间仍然缺乏相互的角色认同，他们之间仍然存在着城乡文化之间的矛盾和冲突，尽管他们之间许多人已开始了交往，但这些交往并不密切，缺乏深层次的沟通和互动。

总之，城中村村民要转变生活方式，融入到周围社区的社会生活，必然要和周围社区的市民发生互动和交往，这需要他们在心理上形成对新的市民角色和身份的认同。

综上所述，在"城中村"这个生活共同体中，血缘、地缘、业缘关系以及经济利益、文化冲突相互纠缠在一起，形成一个异常复杂的社会关系网络，"城中村"正由一个传统农业社会的熟人社会向半熟人、陌生人社会过渡。"城中村"失地农民市民化的过程就是一个不断重新构建新的社会关系网络的过程，在这一过程中要实现"城中村"失地农民、城市市民、外来流动人口的相互磨合和共同发展，使他们能共同融入到城市文化中，享受城市文明。而"城中村"失地农民与城市市民、外来人口的相互作用与融合是一个长期的过程，在这个融和的过程中，我们看到这三者在社会交往方式上仍然显露出许多的不和谐，在价值观念、生活方式等方面存在着诸多差异，这种复杂的社会关系网络也由于"城中村"的特殊性使得"城中村"失地农民在市民化道路上依然有很长的道路要走。

5.4.5 社区阶层冲突与社区仇富心理

改革开放以来,我国经济增长迅速,经济成分日益复杂,社会结构起了重大的变化。就整个社会而言,当代中国社会已经分化成经济利益各不相同的社会阶层。工人与农民这两大传统而又简单的社会利益群体模式已经被打破,新的社会阶层不断涌现,阶层之间的冲突相应产生。而分配不公、贫富悬殊、失业与物价上涨等因素都是阶层冲突产生的重要原因。

按陆学艺主编的《当代中国社会阶层研究报告》一书的划分,中国社会已经分化为国家与社会管理者、经理人员、私营企业主、专业技术人员、办事人员、个体工商户、商业服务人员、产业工人、农业劳动者、城乡无业失业和半失业人员等十大阶层。而不同阶层均有其特定的内涵,即不同阶层具有其自身的文化特征。这种文化特征或文化心理是长期积累的结果,在很短时间内很难与不同质的文化相融合。因此,不同阶层成员在同一生活圈社区内生活,难免发生冲突。

随着社区内部职业分化和组织分化的发展,社区内部各阶层间形成了多个利益集团。在加速转型期,经过组织层次的分化后,伴随着阶层、群体和组织的分化,各类利益主体的自主权也在不断扩大,利益的分化也势必发生。社会分化产生的许多利益群体和阶层,随着市场经济的深入发展,不同社会群体和阶层的利益意识会不断被唤醒和强化,对利益的追求会成为人们社会行为的一种强大动力,而利益的分化实际上也是利益格局重新调整的过程,这必然会在不同利益主体间产生广泛的矛盾和冲突,也无法避免在功能性活动中引起各阶层间的利益冲突。这种冲突不仅存在于经济领域,也存在于政治领域、文化领域和社会生活的其他领域。毕竟,社区资源是有限的,这些冲突在增加了阶层内共识的同时,无疑也强化了阶层间的离心倾向。

笔者在百度输入"社区、仇富"这两个关键词后,用时 0.071 秒搜到1460,000篇相关报道,这里不妨选一篇来解读当下社区阶层冲突背景下的仇富心理。

个案:59岁老人4年扎车百辆,称:"我是对有车族进行报复"

北京市东城警方破获一起离奇的案件——一名59岁老者由于心理失衡报复"有车族",在深夜狂扎汽车轮胎,4年里竟然累计作案100多起。让人吃惊的是,在被抓的前一天,秘先生所在的社区居委会组织大合唱,秘先生还指挥50多人合唱他自编的《和谐社区之歌》,恰恰与其扎车胎的行为形成了强烈的矛盾和反讽。

据嫌疑人秘先生说:"第一次不是扎车胎,而是给车放气。那是2002年夏天的一个雨夜,我晚上出去上厕所,看到胡同里有一辆车,就突然有了给车放气的冲动。我看到四下没人,就蹲下身子拧开了车轮胎的气嘴,然后在附近捡起一个小木棍顶上去,听到了"哧哧"的放气声,心里特别得意。当时心里很紧张,想到如果车主正好上厕所撞上我,肯定得打起来。但第二天再遛弯过去看到车胎瘪了,特别有成就感,觉得你们有车族别牛,这下让你们开不了了!

"一开始我作案并不频繁,大约两个多月才干一次,但用木棍放气太危险了,我要在车轮前蹲半天,容易暴露,有一天在家里找到一个纳鞋底的锥子,这样扎了就可以跑。直到今年下半年我开始频繁作案,有的时候一夜扎三四辆,有一次锥子折在了车胎里,这才换上了后来那个自行车车条。不过扎车胎有时成功有时失败。我对汽车不了解,经常第二天发现被我扎的轮胎并没有瘪,进来之后,才从警察那知道,有些轮胎扎一百下也瘪不了。一般扎过车胎,天亮后我会回去看。一开始我只扎一个轮胎,看到车主在换备胎,我心里就特得意。后来发现车主换了备胎车就开走了,我就改变策略,一下子扎两个胎,看到车主的车开都开不走了,我就特别有成就感!

"有一次扎车的时候我被看车人看到过,我身体不错,在胡同里左绕右绕把追赶的人甩掉了。那次我特别害怕,回家后跟妻子说了。她说你怎么能做这样的事情呢,被人抓住要蹲监狱的,我从那以后半年没有再干。不过后来又忍不住了,好像上了瘾一样,我都是选择秋冬时节的凌晨扎车,妻子以为我出去上厕所,根本不知道,我也再没向她说起过。有汽车的人就是有车族。我扎车没有什么选择,不管好车坏车,只要是在暗处,奥拓我也扎过。那些有钱人我也见不到,我是对有车族进行报复。"

小结:价值观念差异与社区冲突

　　社区中不同阶层的文化及阶层间巨大的价值观念差异,使阶层间出现认同性的整合危机,阶层间产生分离的意愿。有车族和无车族的分离只是这种分离的一种体现。在上海市区的一些高层建筑里,既居住着大量高级知识分子,也混居着因拆迁而住进的原棚户区居民。他们搬来的同时也将棚户区一些不良生活方式和习惯带来,如不注意环境卫生,随便挤占公用部位,在过道、门外乱堆杂物,不顾他人大声喧哗等等,弄得四邻对他们侧目而视。时间一长,彼此感情上会形成对立,甚至发生冲突,从而削弱了社区的凝聚力。这也是社区阶层分离的一种普遍现象。

　　在社区发育过程中,统一的价值观念向多元化的价值观念体系演进,这是社区由封闭向开放转化,由简单向复杂转化的伴生现象。社区成员的伦理价值观、社会政治观、生活方式观、时空观等会在社区发育过程中呈现出差异,并且逐渐扩大。这既是社区异质性增加的原因,又是社区异质性增加的一个必然结果。价值观念的分化及扩大在不同阶层中表现得尤为突出。与价值观念分化伴生的是社区文化的分化,单一的革命文化已被知识分子文化、大款文化、下岗工人文化等多种文化取代,不难看出,这些文化群体同时也是城市中不同阶层特性的体现。一项被称之为"冰淇淋音乐社会学"的研究分析了社会阶层对英国消费行为的影响，该研究指出，在英国，下层阶层的居住区里，听到的是军队进行曲；在"过渡性"杂居区，播放的是门德尔松的"春之歌"；在中产阶层的居住区，播放的是"绿袖"；在中上阶层居住区播放的是海顿的四重奏曲；而在高级知识分子和艺术家居住区，人们无疑会吃着冰淇淋去欣赏舍恩伯格的斯特拉汶斯基的乐曲。

　　社区分化的内在规律决定了社区分化的过程必然是一个边缘化的过程，即处于社区边缘的阶层成员，其社区归属感和认同感最弱，且在自然型社区中不占优势，最容易脱离原社区。于是阶层间就产生了相互分离的张力，当张力达到一定程度时，阶层间必然出现一定程度的断裂。①

---

① 徐小军. 我国城市社区的阶层化趋势研究. 华中师范大学硕士论文. 2001 年.

6 社区冲突产生的具体原因分析

6.1 社区自治冲突产生的原因

6.1.1 业主委员会自治权利的缺失

1）业主委员会法律地位欠缺

长期以来,我国的业主委员会却始终缺乏相关法律对其赋予明确的民事能力界定,这成为困扰业主委员会发展的一大障碍。一方面,业主委员会与物业服务公司签订合同的主体资格不明确。根据法定权利,业主委员会有权选择物业服务公司并对其实行监督。但是,物业服务公司的管理行为建立在合同基础之上,是一种纯粹的市场行为。根据现行法律规定,合同的签订必须在两方民事法律主体之间操作。然而,目前我国的业主委员会既不是独立的法人单位,也不具备经营管理和服务的营业资格,所以,业主委员会的这一项职能缺乏法律上的支持和实际操作上的可能。另一方面,根据我国法律规定,只有在民政部门登记注册的社团组织才能具有法律诉讼主体资格,而业主委员会只是在房管部门注册,并没有在民政部门登记,所以业主委员会在法律上来说,并不具备诉讼主体资格。业主委员会法律地位的空白,使业主委员会在遭遇业主拖欠物业管理费和物业服务公司横行时,无法名正言顺地提起法律诉讼。

2）业主委员会工作班子素质不佳

根据我国现有的业主委员会的实际工作成效,业主委员会的组建有赖于灵魂人物和专业人士等精英的贡献。业主委员会的职能要求其必须具备一定的专业化水准和积极的凝聚力,这些都离不开高素质的工作班子。由于业主委员会一般地处东部经济较为发达地区,业主的生活节奏普遍较快,加上城市内个人意识的增强,小区内的人际交往并不充分。所以,一般的业主很难了解候选人的具体情况,这就为业主委员会的工作班子埋下了隐患。另一方面,推选主任和副主任容易致使部分不是业主委员会委员的社区精英难以进入业主委员会,降低业主委员会工作班子的整体素质。此外,有的业主委员会成员与物业服务公司相串通,坑害业主合法权益,给业主造成了一定的损失。

3）业主委员会代表性欠缺

业主委员会的代表性欠缺表现在这样两个方面:

一方面,由于业主来自于不同的社会阶层,具备不同的关注点和自身特质,致使业主对物业服务质量及所获得的利益具有不同的追逐标准,阶层间的差异使他们较难达成妥协。业主利益上的分歧,致使业主委员会在整合利益时遭遇瓶颈,也为其与业主的关系设下了不和谐因子。

另一方面,业主的自治精神较为薄弱。其一,由于我国政治文化传统的影响,民众参与意识不足。如今,虽然公民的公共精神得到了一定程度的培植,但是在没有危及自身利益的情况下,业主一般不会主动地牵头或参与业主委员会。其二,由于业主普遍没有自治的经验,一些业主对于自治的法律意识淡薄,不明确自身的权利,在权利受到侵害时,不会积极维护自身权益,使得业主委员会的群众基础不坚实。

6.1.2　居民委员会的角色错位

社区自治冲突中涉及到业主、业主委员会、社区党支部、居民委员会、物业管理公司及相关政府职能部门之间的冲突,从本质上来看,实际上是社区权力矛盾,是社区内部权力的矛盾在业主委员会、社区党支部、居民委员会、物业管理公司及相关政府职能部门这几大权力主体间的利益矛盾的外在表现。

但是,我们也应当看到,城市社区在实践中更多地表现为一种行政化的共同体。社区自治的核心载体———社区自治组织建设即社区居民委员会的建设都是人们关注的焦点。居民委员会虽然在法律上是基层群众的自治组织,但它是被纳入到政府体系中的组织,但其独立性和法律所规定的自治性都受到限制。

1) 居民委员会失去了应有的自治性

《居民委员会组织法》规定街道办事处和居民委员会之间的关系是基层政府"指导、支持和帮助"居民委员会工作,居民委员会"协助"基层政府工作。但随着城市化进程的加快,街道办事处工作范围急剧扩展。为了完成工作和实现"政绩",街道便利用自己所掌握的政治和经济资源,控制了居民委员会人事任免、经济分配和工作任务等权力,将居民委员会"改造"为自己的"派出机关"。自此,基层政府与自治组织演变为行政领导和隶属关系,从而使居民委员会偏离了自治方向,走上了"行政化"轨道。居民委员会的"行政化"产生的一个重要后果是,对于街道或其他政府部门侵犯居民利益的行为,居民委员会往往非但不愿也不敢制止,而且常常还参与其中"分一杯羹"。城市居民委员会的居民自治职能由此发生严重偏离,无法满足居民的参与需求和期望,其合法性基础因而大大动摇。由于上述原因,居民很少利用居民委员会维护自身的利益,也不相信自己的参与能够影响基层政府和居民委员会决策。这两个方面原因造成了城市居民社区参与的稀缺,缺乏对基层政府权威的认同,对社区公共事务和利益很少关心,也造成了政府权威资源的流失,使得政府难以实现对基层社区的有效整合。①

---

① 李友梅. 论街道办事处与居民委员会关系重构. 中国社会报[N],2003—4—29.

2）居民委员会无权参与城市管理和社区建设的决策过程

社区作为公民社会的基础层面，不仅是公民政治权利实现的空间，同时也是公民社会权利实现的空间。

但是当前有关社区话语的解释权掌握在政府和学界而非社会的手中，二者在一致谋求通过社区来重建单位制解体后中国城市基层管理体制和社会整合机制的目标下，对社区有着不同的关注点。政府试图借用社区这个地域概念，将其操作为一个城市基层管理单位，以解决市场经济兴起和单位制解体后出现的一系列社会问题，并通过社区建设加强基层政权建设，因此他们关注的是社区的地域范围、人口规模、组织建设和制度建设。与政府的现实取向有些不同，学者往往从滕尼斯那里寻找对话的基础，其关注的问题为：在日益分化和疏离的现代城市社会，是否还能存在建立在地域基础上的社会生活共同体。

处于政府和社会两股力量之间的居民委员会，其工作不是面向社会，而是面向政府。作为政府调控社会的最基层单位，政府往往以评比、考核等方式指挥左右居民委员会的工作。目前居民委员会面临功能逐渐弱化问题，居民委员会整天忙于搞报表，遇到物业管理纠纷等紧急问题时，政府资源支持不够，使纠纷无法及时化解，居民委员会吸盼得到政府机关从政策法律咨询、经费和人员配置上的更多支持。

居民委员会这个城市社区建设中不可或缺的组织，缺席社区管理与社区建设的决策过程。居民委员会作为居民自治组织的缺席，意味着居民本身对决策过程的缺席；这种建立在模糊集体主义意识形态基础上的社区参与缺乏生命力，实际上大多蜕化为一种仪式性表演，无法唤起大多数社区居民的认同和积极性。居民可以向居民委员会反映意见和建议，而居民委员会也只能利用人情、感情、小恩小惠等策略向乐于参与的中老年居民寻求支持。①

---

① 杨敏.作为国家治理单元的社区——对城市社区建设运动过程中居民社区参与和社区认知的个案研究.社会学研究[J].2007(04).

3）居民委员会不是业主利益的合法代表

在实践中,居民委员会由于历史性的优越地位以及国家权力的支持,获得相应的主导权。但实际上,居民委员会并不是纯粹的利益协调者。作为独立的行动者,居民委员会有着自身的利益表达。同时,居民委员会的这一主导权也是相对的。就居民委员会同业主委员会与物业公司的关系来讲,居民委员会并没有合法性。因为在实际运作中,虽然居民委员会干部希望获得更多的对业主委员会的领导权的法律保障,但是就法律规范来讲,业主委员会是业主利益唯一合法的代表。

综观全局,社区建设示范城市的市、区、街级政府政策倾斜和资源堆砌的印记非常明显,纯粹依靠社区自己的组织资源和物质资源,而内源性发展道路的社区和城区还没有真正出现,各个社区的发展在很大程度上依靠社区负责人到市区街三级政府组织争取发展的资源和政策显然由于最终决定权在政府的手中,因此,在实际意义上居民委员会主任也是国家的代理人,至少是准代理人。不过,居民委员会成员必须由个体社区成员或社区成员代表大会选举产生,如果社区居民委员会纯粹只代表政府的利益而不代表社区居民的利益,这样的社区居民委员会是得不到居民的支持的,即使勉强被选上,其后续工作的开展也是很困难的。因此,社区居民委员会又在一定程度上代表社区居民这一社会性质的利益。正因为如此社区居民委员会实际上是个半国家半社会的组织既代表国家在社区中的利益又代表社区居民的利益。

总之,居民委员会作为政府代言人和居民利益代表者的双重身份,在居民和基层政府陷入冲突时,不可避免的会使冲突复杂化。

6.2 社区权利冲突产生的原因

6.2.1 社区权力结构的行政化

我国的社区建设是典型的政府主导的强制性制度变迁,这使社区权力结构趋向于行政化。

20世纪80年代单位制解体后,我国开始探索城市基层社会的管理制度。1986年国家民政部首先倡导在城市基层开展以服务对象为服务主体的社区服务。

1987年,由于民政部首先倡导在城市开展以民政对象为服务主体的社区服务,社区概念第一次进入中国政府的管理进程,社区内涵从此发生了变化。

1991年5月,时任民政部部长的崔乃夫明确指出,城市基层组织建设应该着重抓好社区建设。

1992年10月,中国基层政权研究会在杭州市召开"全国城市社区建设理论研讨会",自此,社区服务进一步向社区建设发展,社区建设的相关制度逐步完善。

1996年3月,江泽民总书记在参加八届人大四次会议上海团的讨论时指出,"要大力加强城市社区建设,充分发挥街道办事处和居民委员会的作用。"

从此,中国社会拉开了社区建设运动的大幕。社区建设在全国蓬勃开展,并成为一股强劲的社会潮流,在一些大城市,"社区"甚至成为居民的流行语。

2000年11月,民政部下发了《关于在全国推进社区建设的意见》,《意见》对社区和社区建设的概念做了规定,指出:社区是指聚居在一定地域范围内的人们所组成的社会生活共同体。目前城市社区的范围,一般是指经过社区体制改革后作了规模调整的居民委员会辖区。社区建设是指在党和政府的领导下,依靠社区力量,利用社区资源,强化社区功能,解决社区问题,促进社区政治、经济、文化、环境协调和健康发展,不断提高社区成员生活水平和生活质量的过程。《意见》对社区的定义完全是社会学意义上的社区定义,但是关于社区范围与社区建设的界定则更接近中国社区内涵的本相。在中央的指示下,社区建设步入了整体推进、全面拓展的发展阶段。但是,在这个阶段,"社区"停留在解决基层稳定和巩固基层政权的层面,社区建设的空间也基本定格在街道和居民委员会的所辖区域即街区。

2002年,在十六大会议上,江泽民在报告中明确提出,健全基层自治组织和民主管理制度,完善城市居民自治,建立管理有序、文明祥和的新型社区。

2005年2月19日,胡锦涛总书记在中央举办的省部级主要领导干部"提高构建社会主义和谐社会能力专题研讨班"上指出,"我们所要建设的社会主义和谐社会,应该是民主法治、公平正义、诚信友爱、充满活力、安定有序、人与自然和谐相处的社会"。为此,民政部部长李学举号召要在全国大力推进和谐社区建设,并对和谐社区的概念做了界定,他说:"我们所要建设的和谐社区,应当是居民自治、管理有序、服务完善、治安良好、环境优美、文明祥和的社区。"

在我国目前的社区建设中出现了一些社区自治模式的典型,如"两级政府、三级管理"的上海模式,以社区自治为指导的沈阳模式。但由于我国的社区建设是自上而下的政府主导的强制性制度变迁,它并没有从本质上改变我国城市社区的权力结构行政化的现象。社区治理中的行政色彩依然过浓,行政权力对微观社区的控制仍在强化而不是弱化,社区体制改革实际上仍然是在街居体制内兜圈子,街道办事处、居委会等名义上的自治组织实然上行政化严重。

同时,社区居民的社区事务参与不足更加深了社区权力的行政化趋势。我们都知道,公众有效参与处理社区事务是社区制度建设的重要内容。在我国目前的社区事务处理中,由于缺乏有效的参与渠道,社区居民对社区事务冷漠,参与不足,居民的意愿在社区建设中得不到表达。即使有一些公众参与社区事务,但由于参与的规范化、程序化较低,参与能力不足,很难起到应有的作用。目前,我国社区建设和社区事务处理都是在政府主导下进行的,在社区实行的各项社会政策很难真正实现公众的利益。总之,与单位制时代相比,虽然国家对社区控制的范围和方式发生了一些变化,但我国城市社区权力结构的本质并没有发生改变,仍然是行政权力占主导地位,社区的其他主体相对较弱,社区自治发展缓慢。

6.2.2 政府相关管理部门的越位干涉

政府相关管理部门对社区的越位干涉直接体现在对业主委员会和对居民委员会的干涉上。

首先,根据物业管理条例第十六条的规定,业主委员会应当自选举产生之日起 30 日内,向物业所在地的区、县人民政府房地产行政主管部门和街道办事处、乡镇人民政府备案。但是在本案例当中,备案变成了审批、指导变成了领导、监督变成了操控。

其次,由于政府的干涉,居民委员会的性质逐渐发生了变化,并最终导致了居民委员会的权力内卷化。

在新中国成立初期,作为城市社会基层自治组织形式的居民委员会在组织社区居民参与社区事务管理等方面发挥了重要作用,居委会的自治性特征也得到了较好的体现。计划经济体制的政治后果之一,在于国家成为社会管理的惟一主体,并通过行政体系对经济社会生活实行全权化管理,各类全能型的"单位"组织则是实施这种管理的基点。这就直接造成了作为群众性自治组织的居民委员会功能的退化和萎缩,其功能在很大程度上被社区内的单位所覆盖。尽管城市社会基层组织——居民委员会按法律规定是居民自治组织,但在实际生活中受街道办事处领导,成为政府实行社会控制与社会管理的终端延伸。居民委员会所承担的自我服务、自我管理、自我教育的自治功能日益退化,社区居民的"生、老、病、死"等一切工作都由居民所在单位全部承担下来,居民委员会徒具其表,仅仅作为城市基层政权机关的具体执行机构而存在,也就是人们通常所说的居民委员会是街道办事处的"腿儿"。

综观城市居民委员会的发展演变历程,我们可以清楚地看到,城市居民委员会最初作为一种群众性自治组织形式,是广大城市居民自发创造的产物,后经党和政府的推动,成为我国城市社会基层民主的一种制度选择,其产生有着特殊的历史背景。后来,随着计划经济体制和人民公社体制的建立,居民委员会在实践中退化为"准政府组织",成为政府的"腿儿",这种转变与当时的历史环境有很大的关系。如今,随着市场经济体制的日趋完善以及国家与社会关系的逐步分离,城市居民委员会重归其自治的本来面目便成为一种当然选择,其发展取向转向了社区自治,且社区自治的形式、途径和内容较以往时代都大为拓展了。

但是,总体来讲,社区居民委员会仍然是一个半国家半社会的组织。在理论上,社区居民委员会应该是社区居民利益的代表者,且目前有许多社区居民委员会主任及其成员由居民选举产生,但在当前实际情况下,社区居民委员会承担着很重的行政工作,加之由于居民委员会成员的工作津贴由其派出机构——街道办事处下发,这就不可避免地使居民委员依然成为街道办事处的手脚。

政府部门利用手中权力干涉社区事务产生的直接后果就是居民委员会的权力"内卷化"。

6.3 社区邻避冲突产生的原因

6.3.1 较强的相对剥夺感

邻避设施所带来的负面效应由少数人负担,但利益被社会大众所享有,导致该少数人组成的群体相对剥夺感较高从而引发社区邻避冲突。对于那些靠近邻避设施的人来说,他们是这种成本的主要承担者而且在大多数时候,他们所要承受的成本还会超过他们从此邻避设施所获得的收益。由前面所述的案例可知,对于上海闵行居民来说,虽然磁悬浮给他们的出行带来了很多方便,但是相比较磁悬浮辐射对他们带来的危害,他们还是会对这一邻避设施产生强烈的不满。而一旦他们再将自己的境况与上海其他没有受到磁悬浮辐射影响的居民来比较,心理上的"不公平感"和"相对剥夺感"就会更加强烈。磁悬浮项目的受益人是广大上海市民乃至全体国民,而受磁悬浮辐射危害的,却是少数居住在磁悬浮路线两侧的居民。PX项目的环境影响报告书获得国家环保总局审批通过,但是付出代价的却是居住在厦门市沧海区的居民。况且邻避设施带来的环境污染，进而影响到社区形象及社区房地产价值。这势必引起社区居民与政府的对抗和冲突。

6.3.2 高度动员性

从引发冲突升级的诱发因素来看，邻避冲突的"高度动员性"是冲突升级的主要原因。邻避设施的成本负担者一般处于一个共同的、相对狭小的地域范围内，因此，这些居民更容易通过基于一定地缘关系所达成的社会网络来进行动员。在这一共识性危机中，因为居民感受到他们所在的社区体系受到了外力威胁，并且认识到问题需要得到尽快的解决，因此会产生同仇敌忾的情绪。在这种情境，即便是对不参与抗争却坐享抗争成果的搭便车者也会有相当的社会压力。在这样的压力下，邻避冲突运动更容易将议题激化，从而导致冲突升级。厦门PX项目所导致的厦门市沧海区居民和上海市闵行区古美社区平阳绿家园居民从社区走向街头，都是高度动员的结果。

6.3.3 信息传播的不对称

从冲突规模升级的原因来看，由于信息不对称，卷入邻避冲突中的居民对面临情境的判断增加了很多不确定性，并进一步损害到了冲突各方的信任，这是冲突规模升级的另一主要因素。以上两个案例向我们清楚地揭示了邻避设施所在地区的居民对于问题产生的原因、带来危害的概率、可能存在的危险，以及如何避免这类威胁等问题往往不甚清楚的事实。在这种情况下，对于邻避设施的危害很可能只是根据他们自身的主观判断，甚至有的时候会受到一些谣言和传闻的影响，从而使社区邻避冲突成为跨区域性的冲突。

6.4 社区文化冲突产生的原因

6.4.1 城乡二元社会结构

中国以户籍制度为核心的二元社会结构的形成,是一系列社会经济因素共同作用的结果。城乡二元结构的治理模式付出了昂贵的历史代价。

不断累加的附着于户籍制度之上的福利保障制度,使城市户口具有了很高的含金量,形成了市民与农民事实上的权利不平等。农民进城门槛高企,农村户口身份化和世袭化,客观上剥夺了农民接受城市文明,分享现代化成果的权利。给人们造成的错觉是中国人的精神似乎也可以简单地用市民意识和农民意识来划分,导致(某些)城里人鄙视农民工,而农民工嫉恨城里人;当然也会造成某些北京人、上海人看不起外省人,因为前者认为他们才是真正"城里人",有一种国际大都市的精神优越感,后者不管怎样都是"乡下人"。所以有人指出:户口不仅是一种身份,更是一种资源享有权的确认。在简单化的情况下,以市民"天生"的一等公民优越感与农民"天生"的二等公民低落感简单地区分了中国人。

城乡分割束缚了人才、技术、信息乃至思想文化在城乡之间的交流,延缓了城市现代文化对农村的扩散,使农村失去了许多经济的和社会的发展机会。现代化在某种意义上说就是城市化,必然伴随大批农村人口向城市的转移,没有一个国家可以把多数人口排除在现代化进程之外,而可以最终实现现代化的。在城市化快速扩张过程中,农民大量涌入城市,使城乡文化发生了激烈的碰撞,而这种碰撞在社区表现得尤为明显。

6.4.2 阶级阶层结构的变化

改革以来,工业化的快速发展加快了产业结构的升级。1978—1993 年,在全国社会劳动者构成中,第一产业从业人数从 70.5％下降到 57.4％,第二产业从业人数从 17.4％上升到 25％,第三产业从业人数从 12.1％上升到 20.2％。这种变化产生的结果是,一大批农民进入城镇并转变了职业身分,同时以工业为主体的物质生产部门的产业职工队伍增长速度放缓,而金融、保险、房地产、旅游、咨询、广播、电视以及各种服务业和公用事业等非物质生产部门的职工增加得很快。1978—1992 年,在全国城镇职工中,从事第一产业的从 9.3％下降到 5.7％,从事第二产业的从 52.6％下降到 52.2％,而从事第三产业的从 38.1％上升到 42.1％。

新时期产业结构的升级导致了阶级阶层结构的变化。这种变化的特点一是产业结构的变动使那些与现代经济相联系的职业群体无论在人数比重还是社会影响力方面都大为增强,而且有 1 亿多农民正在转化为工人;二是深刻的职业分化使原有的同一阶级内部出现了具有不同经济地位和利益特点的社会阶层,原来相对重合的收入、地位、声望三个社会序列发生了分离;三是所有制结构的变动使改革后新出现了一个占有一定生产资料的个体私营业主阶层。与此同时,各阶层、各群体之间以收入水平为标志的利益差距在不断扩大。特别值得注意的是"工资均等、收入悬殊"的现象,各种"隐性收入"、"工资外收入"、"第二职业收入"、"实物收入"、"业务待遇"成为城镇社会拉开生活水平差距的重要因素之一。[1]

新兴阶层产生的同时也催生了由阶层差异所导致的文化冲突,老百姓最为不满的分配问题集中在这样几个方面:一是各种以权谋私、贪污受贿、偷税漏税、挥霍公款、变相侵吞公有资产的非法致富行为;二是钻体制的空子,通过权钱交易获取巨额价差、利差、汇差和租金而暴富的现象;三是收入序列的混乱与大众社会价值观发生激烈冲突,即所谓"该富的没富,富了不该富的"的问题,典型的民谣是"搞导弹的不如卖茶叶蛋的"等等;四是"大锅饭"的衍生弊病,即一部分人享受着体制内的国家福利,赚着体制外的个人收入。

---

① 李培林.新时期阶级阶层结构和利益格局的变化.

前文所述的社区中的仇富心理就是老百姓对分配体制不满的一种典型写照。

小结:社区冲突产生的总根源

1) 利益冲突是导致社区冲突发生的直接原因

任何一种社会转型都必然涉及利益格局的调整。从当前的情况看,利益矛盾和利益冲突已经成为引发社区矛盾的主要方面。①

以社区自治冲突为例:一般来讲,业主、业主委员会与物业管理公司的物质利益冲突通常表现在物业管理公司乱收费、物业管理公司服务质量低以及物业配套设施使用等方面。在本案中,物业管理公司侵害了业主利益,新的业主委员会出于对业主大会和业主的负责,决定重新选聘物业管理公司。这是社区矛盾冲突激化的直接原因。

再拿社区权力冲突来说,目前社区权力结构的行政化以及由行政化所导致的居民委员会的权力内卷化,背后无不隐藏着错综复杂的利益关系。

2) 沟通不畅是社区冲突激化的催化剂

目前许多社区只是物业上的概念,而非一个文化目标、价值认同的集合体,居民的自治,需要居民之间更多的沟通、交流。

一些社区组织、社区设置之所以不能正常地发挥特性,一些社区中的矛盾和问题之所以产生往往是由于在沟通方面出了问题。增强矛盾双方的沟通与了解,不仅使矛盾双方之间的问题会因了解而消失,而且会因为进一步的了解而形成相互依赖关系。正如桑德斯所说:沟通对于社区系统来说,就像"循环"之于生物有机体一样重要。②

3) 体制内利益表达渠道不畅是自治冲突长期不能化解的根本

---

① 孙立平.博弈:断裂社会的利益冲突与和谐[M].北京:社会科学文献出版社,2006:23.
② [美]桑德斯.社区论.徐震译,台北:黎明文化事业股份有限公司,1982,第162页.

原因

体制内的利益表达渠道——各级人民政府的信访部门是政府与社会、人民之间的桥梁，为群众提供了一个利益表达的渠道。但信访部门本身并无实质的行政执行权，只能交办给各职能部门或属地管理部门解决，信访部门本身只起一个监督的作用。

社区居民的利益被侵害之后，没有一个部门负责对冲突做出个别、微观、局部的调整和协调。这是自治社区冲突事件长期不能化解的根本原因。

7 化解各类社区冲突的政策性建议

从根本上化解社会冲突或将冲突控制在合理的范围内,是实现社会和谐的必要条件和前提。因此,我们不仅要在社会运行规则和机制方面提出切合实际的建议,更要在转变思想、建立健全体制上下大力气。概括地说,在中国当前社区,社区冲突大多是由物质利益冲突引发的;冲突的表现形式也有很多,但总体上呈现非对抗性。[①] 化解目前中国社区冲突的途径可从宏观与微观、认识与实践两个层面入手。

7.1 辩证看待社区冲突

稳定,作为一种社会运作状态,是任何一个国家和政府都在努力谋求和维护的一种状态。它既是进行正常社会生活和社会交往的前提,同时又是社会持续协调发展的前提。

但是,我们也要看到:稳定只是一个相对状态,绝对的稳定是不存在的。判断一个社会是否稳定只是一个相对的概念。中国目前正处于社会转型期。

孙立平曾撰文指出,我们对当前的社会矛盾和冲突应有新的

---

① 卜长莉. 当前中国城市社区矛盾冲突问题呈现的新特点[J]. 河北学刊,2003(02).

认识：

第一，社会矛盾、冲突是社会常规化的组成部分，靠严防死守把问题消除在萌芽状态的做法不可能奏效了。政府要逐步适应有矛盾和冲突的社会。

第二，不要一提起社会矛盾、冲突就认为是负面的，社会冲突在一定程度上也起着积极作用：一是安全阀的作用，通过游行、示威等，人们的情绪、不满和压力得以释放，避免了对社会稳定的直接冲击；二是对社会而言，冲突有利于发现问题。

第三，我们要形成一个新的概念——好的制度和坏的制度的区别，或者说好的社会与坏的社会的区别，不在于有没有矛盾、冲突，而在于：

1. 制度和社会能否容纳冲突，容纳的能力有多强。

2. 能否建立制度化的机制解决冲突。一个好的社会制度，在社会矛盾和冲突发生时，是岿然不动的、很自信的；反之，则在一些矛盾和冲突还在萌芽的时候，它就会惊慌无措、草木皆兵。[①] 有了这个认识，就能理性看待社会冲突存在的客观性和必然性，从而做到理性面对社会冲突和理性解决社会冲突。

我们也应该看到，在社会转型期这个阶段，社区冲突加剧是一种难以避免的现象。正如桑德斯所说：每个社区都有比较持久的、稳定的、经过良好整合的组织要素，但即使是在整合性比较强的社会关系中，也存在着对立关系，这种对立关系潜伏在整合性的关系中，随时随地都可能显现出来。

任何冲突都有其正面功能。科塞认为冲突是社区运行中的常态；他说："我们所关心的是社区冲突的正功能，而不是它的反功能，也就是说，关心的是社区冲突增强特定社区关系或群体的适应和调适能力的结果，而不是降低这种能力的结果。社区冲突决不仅仅是起'分裂作用'的消极因素；社区冲突可以在群体和其他人际关系中

---

① 孙立平.矛盾冲突是社会常规化的组成部分.同舟共进[J].（2009）03.

承担起一些决定性的功能。"①譬如：业主委员会的自治冲突有利于业主间形成集体维权的动力机制，对维护业主权利、协调业主与有关主体的关系、改进政府管理具有积极意义。②

7.2 回归社会，超越社区建设的政治化

我国政府在提出社区建设时，对社区概念的理解和定位更偏重于将其视为一个对社区进行管理和控制的手段和工具，将其作为一个政治管理的单位，而忽视了社区最基本的精神内核——社区意识和社区归属感。

如前所述，社区这首先提出这一概念的滕尼斯那里，表示由具有共同价值观念的同质人口组成的关系密切、守望相助、富于人情味的社区团体。"社区"强调社区成员的互动与互助，强调邻里亲善、疾病扶持的价值，它不仅仅是个地域的概念，更重要的是指一种精神层面的含义——认同感、归属感、参与性、互助性和公益精神。将社区概念引入中国的费孝通等学者对"社区"的理解因袭了滕尼斯的社区——社区二分法，将社区看作一个自成一体的小地域社区，将社区与社区的关系理解为缩影与原型，并在此基础上开展了一系列研究。但是，在单位制解体的大背景之下，社区常常作为"国家对社会进行管理和控制的手段和工具"出现，社区发展必须服从政府的政治功利性意志。在这里，社区概念实质上是被用以表示城市基层行政管理的单位。在我国目前的社区建设实践中，社区已不仅仅是一个中性的地域单位，而是一个由国家建构出来的政治——社会空间，是为了解决单位制解体后城市社区整合与社区控制问题的治理单元。我国政府在社区建设的政策指导也是注重硬件设施建设，忽视培育居民

---

① ［美］科塞. 社会冲突的功能[M]. 北京：华夏出版社，1989：前言.
② 杨波. 从冲突到秩序：和谐社区建设中的业主委员会[M]. 北京：中国社会出版社，2006：77.

的社区意识和社区归属感。社区作为基层小社区,内含了政治、经济和社区各方面的因素,是政府、市场组织和非营利组织三大组织尤其是政府作用的"场域"。

政府意志的最终执行者——居民委员会长期以来难以定位的尴尬境地很好地诠释了这一点。作为居民自我管理、自我教育、自我服务的基层群众性自治组织,居民委员会同时又是我国人民民主专政和城市基层政权的重要基础,也是党和政府联系人民群众的桥梁和纽带之一。在居民看来,它是代表政府管理社区与居民的组织。而在政府看来,居民委员会一方面是群众自治组织(居民委员会干部不被纳入行政序列,也没有行政经费的拨给);另一方面又似乎是行政组织,不但许多行政性命令传达到居民委员会,而且行政考核也在居民委员会上落实。居民委员会的行政化直接导致了居民参与意识的缺失。调查显示,中国城市居民的社区参与现状大体上呈现出参与领域不平衡、参与不深入、参与主体不平衡、参与率低以及参与运行机制行政化等特点。中国城市社区普遍存在的一个事实是:居民的主要社会活动几乎都不在社区之中,社区的职责仅在于处理那些单位之外的剩余事情。

政府大力推进的"社区建设"也明确地反映了社区的政治化特征。民政部在"关于在全国推进城市社区建设的意见"中,明确定义"所谓社区建设是指在党和政府的领导下,依靠社区力量,利用社区资源,强化社区功能,解决社区问题,促进社区政治、经济、文化、环境协调和健康发展,不断提高社区成员生活水平和生活质量的过程。"费孝通曾经说过:"我一直在思考的一个问题,就是如何根据群众的需要来开拓我们的社区建设事业。社区建设不是抽象的名词,它体现了一批人所发生的地缘关系和互相合作的关系,包含着许多服务性内容。要想使社区建设贴近人们的实际需要,有些事务就要由居民们自己商量决定。社区建设硬件是必要的,但软件更重要,要使社区真正成为一个守望相助的共同体,还得依靠居民的共识。社区建设的目的之一是要建设一个基于中国优秀文化传统之上的守望相助、尊老护幼、知礼立德的现代文明社会。"①费孝通所思考的,正是中国社区建设的本质问题,即社区作为一种社会结合形式,归根结底还是要依靠社会力量的推动来建设。但是这个问题最终由于居民委员会的进一步行政化而搁浅。

问题是,社区组织虽然可以有行政性的框架,但其本质不是行政性的组织,而是社会性的公共组织,是社会成员的自我组织。同时,社区也是公民社会的形式和表现形态之一。社区应该充满生活气息而不是行政色彩,社区事务与活动是社区居民自己的事,应该由居民自己来组织与管理,政府根本不应该也不必要插手。因此,政府与社区在总体上来说就不应该是领导与被领导的关系。②

从动力学意义上来讲,"社区"不仅意味着重新找回已经失去的地方团结形式,它还是一种促进街道、城镇和更大范围的地方区域的社会和物质复苏的可行办法。③ 所以说,社区建设固然要借助于外力,但更主要的是依靠社会自身的力量。如果忽视社会力量,忽视居民的参与,过分强调政府的行政色彩,将淡化社区的共同基础,使社区建设再次沦为外在的社会动员形式。

当前有关社区话语的解释权无疑掌握在政府和学界的手中,二者在一致谋求通过社区来重建单位制解体后中国城市基层管理体制和社会整合机制的目标下,对社区有着不同的关注点。政府试图借用社区这个地域概念,将其操作为一个城市基层管理单位,以解决市场经济兴起和单位制解体后出现的一系列社会问题,并通过社区建设加强基层政权建设,因此他们关注的是社区的地域范围、人口规模、组织建设和制度建设。与政府的现实取向有些不同,学者往往从滕尼斯那里寻找对话的基础,其关注的问题为:在日益分化和疏离的

① 费孝通. 居民自治:中国城市社区建设的新目标. 江海学刊[J]. 2002(03).
② 费孝通. 关于当前城市社区建设的一些思考. 上海改革[J]. 2000(09).
③ [英]安东尼·吉登斯:第三条道路:社会民主主义的复兴[M]. 北京:北京大学出版社、生活·读书·新知三联书店,2000:83.

现代城市社会,是否还能存在建立在地域基础上的社会生活共同体。①

总之,要真正超越社区建设的政治化,必须在批判理性的指引下,以滕尼斯的"理想社区"模型为基础,结合建构现代社会结构的需要来重建社区理论。政府也必须在中国社会转型的历史关头,认识到自主性的、自发性的社区发展对于形成现代社会结构的重要性而放弃对社区发展的政治控制,转而为社区的自然发展创造一个良好的社会条件。②

7.3　构建社会治理理论

治理理论认为,在治理中,政府的主要职能是为经济主体、社会主体服务和创造良好的发展环境。社会治理的核心在于还政于民,还权于社群,以实现对社会的管理。因此,在社会治理下的政府必然是服务型政府。

但是改革开放之前,中国的社会治理模式是典型的"强政府、弱社会"模式。政府权力的影响无孔不入,整个社会生活高度政治化。在这种治理模式下,政府对社会有着绝对的控制权和干预权,社会则完全置于政府的权力之下。

1978 年以来,我国采用了政府主导型改革模式,即由执政党主动发起的在社会主义原有制度的基础上按渐进的方式推进的改革。从根本上说,这种改革模式契合了我国的历史文化传统和目前的政权组织形式,因而能够保障社会以和平的方式实现平稳过渡并取得巨大成就。但是,这种改革模式也存在弊端,即客观上为行政权力参

---

① 杨敏.作为国家治理单元的社区——对城市社区建设运动过程中居民社区参与和社区认知的个案研究.社会学视野网.2007—11—06.
② 雷晓明.市民社会、社区发展与社会发展——兼评中国的社区理论研究.社会科学研究[J].2005(02).

与市场的资源配置提供了广阔的空间。

为此,构建新的社会治理理论、实现社会全面发展是摆在我们面前的紧迫问题。

7.4 注重社会利益调整

利益问题是一个关系到人的生存发展、社会地位、人格尊严与价值体现的根本问题。从本质上讲,社会冲突就是利益冲突。社区冲突大部分属于利益冲突。从已经发生的社区冲突、矛盾和上访案件看,抗争往往都是弱势群体,而加害者们往往都属于强势的利益群体。总之,几乎所有的冲突和矛盾都是各种利益群体的肆无忌惮的掠夺和侵害造成的。[①] 所以,要解决社区冲突,在实践上要注重社会利益调整。

社会利益调整,必须从制度和法律上遏制利益群体的贪欲、压缩他们的利益空间、隔离他们之间的利益交换。从政策和制度上看,要为社会底层人员及其子女创造更多向上流动的机会和渠道;处理好初次分配和再分配中效率和公平的关系;创造平等的教育机会、稳定的就业岗位、完善的保障体系和安定的社会环境。如此,就能将社区冲突控制在合理范围内。

7.5 构建社区冲突预防机制

社区冲突事件多为突发事件,所以,对社区冲突事件的管理也属于危机管理;而危机管理的首要任务是预防或预警。健全的社区预警体系是现代社区的一个标志,建立社区预警机制的主要目的是通过对可能出现的危机事件的预测来防范社区危机。

一般来说,社会冲突孕育着社区危机。大多数的社区冲突事件

---

① 王春光.快速转型时期的利益分化与社会矛盾.江苏社会科学[J]. 2007(02).

并不是没有前兆,而是经过了较长时间的积累。因此,对社区冲突事件预警的关键就在于通过完善社区预警机制,在冲突事态扩大之前予以妥善解决,真正起到预防的作用,做到防患于未然,将冲突事件可能导致的危害降到最低。

从宏观层面来讲,构建以预防为主的社区冲突调解框架是一项具有前瞻性的重要工作。[①] 预防的直接效果不仅是为了减少冲突,而是在预防过程中,加强对矛盾冲突的动态管理,增强社区成员的法制观念,将社区冲突化解在基层和萌芽中。

如上海219个街道、乡镇调委会已全部设立了"人民调解工作室",并配备3名以上专职调解员。2007年共受理人民调解129045件,调解成功率96.08%。"李琴工作室"、"桂英工作室"等还创出了品牌,为解决社区冲突摸索了一条新路子。

但是,目前普遍存在着调解员素质低的问题。人民调解工作是化解矛盾纠纷、预防违法犯罪、维护社区稳定的第一道防线,调解人员素质的高低,直接关系到调解工作的成败,关系到能否把第一道防线筑牢。在社区转型期,民间纠纷从数量、内容以及表现形式上都发生了很大变化,这就对人民调解工作提出了新的更高的要求。培养和造就一支素质优良、能胜任本职工作的人民调解员队伍迫在眉睫。

总之,在社会快速转型期,社区冲突是不可避免的,而且也会呈现出复杂化的趋势。但是,只要我们能辩证认识冲突、理性对待冲突,并通过制度设计使社区各种力量形成均衡态势,从而提高社区的合法性、实现社区在更高水平上的整合和凝聚,就一定能缓和社区冲突并最终解决冲突根源,实现真正意义上的和谐社区。

7.6 调整管理方向,把弱势群体作为公共服务的重点

政府的基本公共服务对于消除社区不公、保障居民基本生活条

---

① 顾俊、林尚立.社区调解与社会稳[M].上海:上海大学出版社.2000:229.

件、促进社区民主与公平等方面,具有重要作用;同时也具有缓和社区矛盾冲突、促进社区安定的重要作用。

弱势群体"往往由于民族、等级地位、地理位置、性别以及无能力等原因而遭到排斥,尤其是在影响到他们命运的决策之处,根本听不到他们的声音。"①目前,国内某些城市也设置了若干弱势群体参与公共管理的渠道,如市长热线、市长信箱、听证会等,但还是由于制度化设计程度低、配套措施不健全、随意性强、可操作性低等因素,使这种参与制度图有其表,很难真正发挥作用。为此,林尚立教授曾经指出:"谋求或维护积极动态的社区稳定的关键在于构建一套行之有效的社区整合规范,提供一种体制内的利益表达的有效途径和释放空间,以允许表达冲突、矛盾和不满。"②

斯科特曾经认为农民的日常抵抗是弱者的武器,它们作为"隐藏的文本"在农民的底层政治中发挥着重要的作用。③ 而在强者政治学和弱者政治学的研究视角中,弱者却一直处于被怜悯的客体的地位,把弱者作为主体研究的视角还较为缺乏。在日常生活场域中,弱者身份作为一种武器不仅可能,而且可为。④

在中国乡村的集体行动中,弱者通过自身的"弱"将不满问题化,并以弱者身份的姿态表达利益要求,强调利用自身的弱者符号来抗争,将弱者的身份作为一种武器,这种现象已经较为常见,但这样的集体行动可能只能获得上级的关注但并不一定能够达到集体行动的目的。而在政府合法性危机后,尤其是因为公民的生存伦理和保障性道义等普适性的权利遭受侵害而造成的公开危机后,因为政府过失而成为弱势群体的人们,以弱者的身份为武器发动集体行动,就成为他们在集体行动中获得成功的重要资源。

---

① 克莱尔. 消除贫困与社会整合:英国的立场[J]. 国际社会科学杂志,第 17 卷(04).
② 林尚立. 社区民主与治理:案例研究. 北京:社会科学文献出版社. 2003:191.
③ 詹姆斯·斯科特.《弱者的武器》,南京:译林出版社,2007 年.
④ 董海军. "作为武器的弱者身份"—农民维权抗争的底层政治. 社会,2008 年第 4 期.

目前，社区冲突的主体具有矛盾重叠性的特征，社区内的各种矛盾冲突都集中到社区内的弱势群体。这种情况的大量存在，构成了潜在的社区冲突。因此，要想从根本上解决社区冲突，必须关注弱势群体的公共服务问题。

7.7 弥补制度缺陷，保障社区自治组织功能的发挥

7.7.1 保障业主委员会的自治功能

从微观层面来讲，业主委员会的自治活动引发了一系列的社区矛盾冲突，因此，通过制度设计明确业主委员会的权力至关重要。

按照《物业管理条例》的规定，业主委员会是业主大会的执行机构。业主委员会与物业公司订立契约是完全自主、自由的，且双方契约的订立与行政行为无关。但是在实际操作中，一个小小的业主委员会上面有市、区、街道、社区四级领导，任何一级领导都可以对业主委员会进行指导、监督和管理，但指导监督的界限并不清楚。可见，只有从制度上对业主委员会的权力予以保障，才能避免业主委员会的自治冲突，从而减少社区冲突事件的发生。

目前社区纠纷呈现出反复性和低效性，就说明这些制度或者条例虽然以宪法或法律权利的形式规定了业主的权利，但往往不是实质性赋权。

根据五大主体在社区物业治理中的功能定位，应当理性设计制度结构以充分发挥主体的功能特性，使得五大主体在社区中充分展现其效用，最大限度地发挥业主委员会治理的效能，形成社区共治的和谐局面。

1) 以业主委员会为核心，建立治理主体间的协商会议制度

西方学者在 20 世纪 80 年代提出了协商民主的概念，其核心在于理性的公共协商，即利用公共理性通过讨论、对话和沟通，从而实现立法和决策的共识。我国自新中国成立以来在协商民主方面有着丰厚的实践基础，在社区工作方面亦如是。因此，建立在协商民主基

础上的协商会议制度在我国当前的社区管理中具有优良的传统和成熟的条件,只要架构精良运行有序,这一治理方式可以发挥出巨大的能量。

第一,在业主委员会与居民委员会之间:当业主针对包含物业治理内容的事宜向居民委员会提出投诉时,居民委员会可以与业主委员会进行协商,将物业治理的投诉交由业主委员会加以处理;当业主委员会与居民委员会在工作上有重叠和矛盾时,两者可以通过协商,明确各自的分工和责任,有序而高效地开展社区共治。在需要的情况下,业主委员会与居民委员会之间的协商会议可以邀请街道办代表、物业服务公司代表、业主代表参与并发表意见,提高协商会议的明度和参与度。

第二,业主委员会与物业服务公司之间:应当定期举行协商会议,或者在特殊时期加开协商会议,在会议上,业主委员会可以根据合同条款或者业主的需求对物业服务公司提出要求,物业服务公司应当提供物业维修预算以及维修基金的运作情况,并且向业主委员会提出一定的要求。协商会议应当保证公开透明,允许街道办代表、居民委员会成员和业主参与并有序地发表意见,涉及物业费用给付的会议必须保证一定比例的业主代表与会,确保会议结果体现广大业主的利益。如果协商会议无法促使业主委员会与物业服务公司达成共识,则可以召开业主大会交由全体业主表决。

第三,业主委员会与业主之间:除了定期召开业主大会之外,为了密切了解业主的动态信息和偏好,业主委员会应当定期召开与业主代表的协商会议,以了解业主对物业服务的反馈信息,明确业主的新需求,公示维修基金的阶段性运作情况,接受业主的监督。在业主委员会的决策程序中,应当将听证会、共识会等民主参与方式作为必要的步骤和要件,并根据少数服从多数的原则表决通过特定的决策。针对少部分业主的疑义和不同偏好,业主委员会应当与这些业主进行协商,明确这些业主产生不同意见的原因,确保新决策不会对其造成重大损害,获取这些业主的支持。业主委员会与业主代表的协商会议应当向街道办、居民委员会、物业服务公司和全体业主开放,允许相关主体代表和任何一名业主与会并有序地发表意见。

第四,五大治理主体之间:在以上协商会议都无法使相关主体达成共识的情况下,应当召开五大治理主体间的大规模协商会议,确保会议的公开、公平、公正和透明,以实现利益的交集。

2)培养并加强业主的民主参与意识

根据社区共治和业主委员会稳健运行的要求,业主必须强化选举意识,明确选举的程序和方式,提高业主委员会成员的代表性;业主须在各类协商中有序地表述自身需求,遵守民主的规则;业主应当具备民主决策意识,在业主大会或者业主委员会发起的其他需要表决的会议中,给予少部分人发言的机会,与之协商,尽量避免对少部分业主造成伤害;业主应当具备民主监督的意识,遵循监督程序规范,肩负起监督使命;业主应当主动缴纳物业管理费用,履行自身义务。

对业主民主素养的培养与提升是全社会共同的责任,需要动员各类社会力量加以培植。素质的提升固然离不开正统的教化和实践,不过社区内经常性和持续性的强化训练对此有极大的推动力。在社区范围内,根据五大主体的功能界定,可以由居民委员会和业主委员会开展日常活动以强化业主民主素养的提升。

3)提升业主委员会成员的管理能力

业主委员会成员的自身能力是当前限制业主委员会发展的一大瓶颈所在,因此,提高业主委员会成员的管理能力刻不容缓。其一,业主委员会成员应当明确工作定位和具体内容,能够按照规章制度办事;其二,应当具备经济法理念和知识,能够与物业服务公司签订合同,细化合同的具体条款,监督物业服务公司的履行情况;其三,应当具备经济财会知识与技能,能够审议物业服务公司的预算报表,审核维修基金的使用情况;其四,应当树立公共精神,强化民主管理能力,能够站在公共利益的视角看待社区问题,与其他主体有效协作,完善组织内部的资源管理,真正做到为业主负责,切实维护广大的业主的合法权益,构建社区建设新格局。[①]

总体来看,城市社区的社区冲突和矛盾逐渐增多,其根本原因在于不同群体在社区这个封闭的场域中利益竞争的集中体现。所谓的制度缺失并不仅仅意味着制度条文的缺乏,而更重要的在于在现有的制度环境下,需要更多地关注社区不同群体、主体、参与者之间,在进行社区治理实践过程中的逻辑、反应、选择和互动,并从中汲取达到良好治理的有效资源。目前社区中的各种利益冲突,反映了传统的治理结构转型过程中,国家与社区、政府与公民,以及各种社区组织互动的复杂关系,虽然社区的利益冲突逐渐增多,但它也预示了中国公民社区发展的某种特征和趋势。如何以社区居民的现实生活为自足点,关注社区各个利益群体的行为逻辑,从社区治理的实践中找出合理性来补充制度建设的不足,对于推动社区治理具有重要的价值和意义。[②]

7.7.2 保障居民委员会的自治功能

1) 逐步减少行政性,自觉增加自治性

逐步减少行政性,自觉增加自治性,是使社区居民委员会真正成为自治组织、实现社区制度安排公平的实际途径。

大家知道,现在全国各地逐步形成了社区"议行分设"的思路。但各地对议行分设的理解和做法很不一样。民政部在总结全国各地经验的基础上,在《全国社区建设试验区工作实施方案》中指出,要"按照社区自治、议行分设的原则,以社区居民委员会或社区委员会作为主体组织,探索社区内议事层和执行层分开的社区建设组织形式"。我们做过调查的广州、深圳、武汉、郑州,我们到过的南京、苏州、上海等,我们居住的北京等城市的试点,已经取得了很大的进展。但是我们在调查中,一些居民委员会主任,对议行分设还有某种顾

---

① 孙荣,范志雯. 社区共治:合作主义视野下业主委员会的治理. 社会学视野网. 2008—01—20.
② 闫臻. 从社区的利益冲突看社区治理中的制度缺失问题. 兰州学刊. 2009(8).

虑,他们怕被架空,真正实行他们会产生某种失落感。

2)健全"议行分设"制度

所谓"议行分设","议"就是居民委员会进行议事、讨论,代表社区居民意见和利益,实质是表达与决策的民主过程,成员可兼职,不领取报酬只有适当生活补贴。"行"有两方面的含义,一是社区事务工作站执行居民委员会的某些决议,二是社区事务工作站从居民委员会中剥离,执行街道交办的政府行政工作。这样,居民委员会就不再是政府的"腿",而真正成为居民的"头";在我国,这种"议行分设"或"居站分设",实际上是"1+2"的模式,即在居站这两个议事层和执行层之上,还有社区党组织(党支部或党委)。社区党组织是领导层,负责统领、协调居民委员会和工作站这两支"桨"的工作,是社区这条大船的"舵手",是平衡完成政府的事务性工作和实现居民自治两者之间的杠杆。

"议行分设"的创新和意义主要表现为以下几个方面:

① "议行分设"有利于给居民委员会减负。

"居站分设"的模式,把那些不属于居民委员会职责范围内的行政工作分离出来,转移到社区事务工作站,从而让社区管理工作者有能力和精力进行社区建设管理工作。实行议事层和执行层分离,居民委员会不再对应政府工作,实现从政府的"腿"向社区居民的"头"的转变,这样就解决了长期以来困扰基层的社区居民委员会行政化倾向的问题。通过社区管理模式的创新,以新的思路解决长期以来困扰居民委员会的"上面千条线,下面一根针"的超负荷工作和难以提高管理水平的问题,改变了以前居民委员会干部80%以上的精力忙于应付上级各种检查和政府交办的各项任务的情况。

② "议行分设"有利于进一步扩大基层民主。

推行议行分设,既可以使政府各项工作可以得到较好落实,工作重心真正实现下移,社区工作队伍可以逐步走向专业化、职业化和知识化,社区工作的水平也将得到提高。同时,通过职能归位,理顺了内外关系。强化了基层民主自治功能,社区事务工作站从居民委员会剥离后,居民委员会就有更多的时间和精力去从事自治方面的事情,开展自我教育、自我服务、自我管理、自我监督。"议行分设"的社区管理事务决策模式,是城市基层管理体制由行政化管理系统向法制保障下的社区居民自治体系的转变,是实现社区的民主决策,保证市民参与管理决策的可持续发展决策模式。"议行分设"的具体制度设计是通过设立"一个大会,两个机构"的方式实现的,社区成员代表大会,是社区的权力机构,其主要职责是选举产生社区议事协商委员会成员和社区管理委员会成员,讨论和决定社区事务;下设的社区议事协商委员会和社区管理委员会,分别体现"议行分设"。

③"议行分设"有利于推进社区服务工作专业化、产业化、规范化。

由选举产生的社区居民委员会作为社区的议事机构,对社区的公益事业和公共事务进行调研决策,其下设的社区工作站作为社区的执行机构,来完成社区居民委员会决策的任务和区有关职能部门需要社区居民委员会协助完成的工作。社区工作站主要完成社会福利和便民利民服务工作,使社区服务工作产业化。同时,完成社区环境、社区治安、社区文化、社区卫生、社区计生等工作,使社区工作规范化。社区居民委员会的成员由选举产生的委员组成,社区工作站的工作人员是面向社会公开招聘的,由专业化、职业化的人员组成。通过组建社区工作站,使有关职能部门的职能、任务、经费、人员进社区,使社区建设工作得到全面的启动和推进。①

小结:谋求社区稳定,建设和谐社区

随着改革的深入推进,必然会引起旧有的利益结构的调整和重

---

① 郑杭生.破解在陌生人世界中建设和谐社区的难题——从社会学视角看社区建设的一些基本问题.本文是2008年6月21日—22日在中国人民大学召开的"中国社会体制改革三十年"学术研讨会上的发言.

构。而从计划经济向市场经济转型的过程内在地就包含了对个人利益、尤其是物质利益的承认，同时也肯定了个人与团体在合法的前提下对于利益的追求。这种状况必然导致利益结构发生深刻变化。这种变化首先表现为利益主体的多元化以及利益群体的初步形成。随着城市的飞速发展、城市产业结构的调整和新兴产业兴起，个体劳动者、私营企业主、证券经营者以及食利者阶层的人数大增，职业间的分化加剧，产生了新的业缘主体。而随着城市的开放和户籍观念的松动，城市中的流动人口急剧增加，成为城市中另一人数众多的社区主体性力量。社区主体的分化和多元化逐渐打破传统体制下封闭的、平均化和单一化的社区结构，个体的独立性开始凸显，并从很大意义上唤醒了主体的自我意识，开始关注自身的权益。

与利益主体的多元化相伴而生的是利益的分化和多元化。这种利益分化增加了社区异质化程度和社区的复杂性，尽管每个利益主体都力求实现自身利益的最大化，但必然还是会形成相对的弱势群体和强势群体的分野，并造成了资源配置的冲突和矛盾。随着社区转型的进一步深入，社区主体的自发性与权益意识日益加强，因此其利益诉求也相应增多，对社区公共资源的需求同时增加。然而资源总是有限的，因此这必然导致利益分配的失衡，利益冲突的加剧，从而引发城市管理者众各类矛盾的尖锐化。可是与这种利益主体日趋分化、利益冲突日渐加剧相对应的却是原有的社区调控和利益整合机制的弱化甚至解体。

由此可见，正是由于在社区转型期间利益分化和冲突加剧，而旧有的整合体制相对弱化，同时又缺乏相应的制度和法律，造成了利益冲突的加剧和利益表达过程中的种种不确定性与失范行为的发生。

稳定，作为一种社区运作状态，是任何一个国家和政府都在努力谋求和维护的一种状态。它既是进行正常社区生活和社区交往的前提，同时又是社区持续协调发展的前提。在中国当前的形势下，城市，尤其是中心城市的稳定又对全社区的稳定具有关键性的意义。

社区作为社区的细胞与组成单位，作为社区调控与整合的载体和手段之一,在动态的稳定过程中具有十分重要的作用。社区稳定是社区稳定的基础所在。而积极的社区稳定调控又是整个社区范围内调控体系的重要组成部分,是实现社区稳定的基础所在。

随着社区主义市场经济体制的逐渐完善和深入,城市化水平的日渐提高以及居民教育程度和民主意识的加强,城市社区中的利益主体日益分化,利益表达的形式和途径日趋多元化。从上述分析可见,在社区转型期,利益冲突的加剧是一种难以避免的现象。既然冲突难以避免,那么我们在追求社区稳定的过程中也无法用抑制冲突的手段来达到稳定的状态,单纯、机械地抑制并不能达成真正意义上的稳定,反而有可能成为新的不稳定的根源。仅仅依靠旧有的体制无法实现对于新的利益表达的有效整合与调控。从全能主义的单位制向公民社区基础层面的社区制转变,国家在城市社区建设中的地位发生了很大的变化。因此,国家需要立足于更高的起点上,考虑自身在城市社区建设中的地位和作用。①

所以,谋求城市社区的稳定就无法单纯依靠权力的机械控制,通过压制利益主体的利益表达来实现;而是需要以一种积极的态度,以协调政府与社区、政府与个人、个人与个人之间的利益关系为出发点,以协调和调控为主要手段,来谋求一种动态的积极的稳定。②

---

① 李友梅.国家在城市社区建设中地位和作用的变迁.改革开放三十年国际学术研讨会发言摘要.社会学视野网,2009—08—09.

② 林尚立.社区民主与治理:案例研究[M].北京:社会科学文献出版社.2003:173.

参考文献

1 林尚立. 社区:中国政治建设的战略性空间[J]. 毛泽东邓小平理论研究. 2002(02).

2 林尚立. 社区民主与治理:案例研究[M]. 北京:社会科学文献出版社. 2003.

3 竺乾威. 地方政府决策与公众参与——以怒江大坝建设为例. 江苏行政学院学报,2007 年第 4 期.

4 浦兴祖. 农村基层民主:由村向乡镇分步递升. 探索与争鸣,2009 年第 4 期.

5 [美]乔纳森·特纳. 社会学理论的结构(上)[M]. 北京:华夏出版社,2001.

6 孙立平. 社会转型:发展社会学的新议题. 社会学研究[J]. 2005(01).

7 李培林. 高度重视人均 GDP1000~3000 美元关键阶段的稳定发展. 学习与探索[J]. 2005(02).

8 庄庆鸿. 将利益表达与社会稳定一致起来[N]. 中国青年报. 2010—04—19.

9 唐皇凤. 社会转型与组织化调控:中国社会治安综合治理组织网格研究[M]. 武汉大学出版社,2008.

10 张登巧. 事实与价值的"创造性"融合——怀特海宇宙论的整体性思维探讨. 浙江社会科学[J]. 2009(06).

11 [英]拉尔夫·达伦多夫. 现代社会冲突[M]. 北京:中国社会科学出版社,2000.

12 马克思,恩格斯. 马克思恩格斯选集. 第 2 卷[M]. 北京:人民出版社,1972.

13 马克斯·韦伯. 支配的类型[M]. 台湾新桥出版公司,1987,第 24 页—87 页.

14 [美]乔纳森·特纳. 社会学理论的结构[M]. 北京:华夏出版社,2001.

15 李培林. 社会冲突与阶级意识当代中国社会矛盾研究. 社会[J]. 2005(01).

16 [美]科塞. 社会冲突的功能[M]. 孙立平译. 北京:华夏出版社,1989:16.

17 Georg Simmel. Conflict (translated by Kurt H. Wolff, The Free Press, Glence, Ill), pp. 13 - 17.

18　[美]刘易斯·科塞.社会冲突的功能.北京:华夏出版社,1989,前言.

19　毛泽东选集.第5卷,第365页.

20　李培林.当前社会矛盾的判断.瞭望新闻周刊[J].2004年1月12日第2期.

21　卜长莉.社区冲突与社区建设——东北城市社区矛盾问题案例研究[M].北京:社会科学文献出版社,2009.

22　宋雪峰.无直接利益冲突的特征、成因及对策建议.中共成都市委党校学报[J].2009(03).

23　单光鼐."散步"是为了避免暴力,国内群体性事件解析.南方周末[N].2009—01—14.

24　孙立平.博弈:断裂社会的利益冲突与和谐[M].北京:社会科学文献出版社,2006.

25　芬克.社会冲突理论中的难题选择.解决冲突的杂志[J].1968(12).

26　孙立平.转型与断裂:改革以来中国社会结构的变迁[M].北京:清华大学出版社,2004.

27　于建嵘.转型中国的社会冲突——对当代工农维权抗争活动的观察和分析.社会学视野网.2008—03—11.

28　孙立平.矛盾冲突是社会常规化的组成部分.同舟共进[J].(2009)03.

29　王春光.快速转型时期的利益分化与社会矛盾.江苏社会科学[J].2007(02).

30　斐迪南·滕尼斯:共同体与社会[M].北京:商务印书馆,1999.

31　费孝通.乡土中国[M].北京:生活·读书·新知三联书店,1985.

32　杨敏.中国社会转型过程中社区意涵之探讨.武汉大学学报(哲学社会科学版)[J].2006(06)

33　Lyon, Larry. The Community in Urban Society[M]. Philadelphia:Temple University Press,1987;5.

34　章立明等.社会科学的新发展:社会学与人类学的兼容与贯通.人大复印资料《社会学》[J].2007(03).

35　夏学銮.中镇和江村:中外社区研究比较——费孝通社区研究探微.学习与实践[J].2008(07).

36　夏建中.现代西方城市社区研究的主要理论与方法。燕山大学学报(哲学社会科学版2000(02).

37　费孝通.关于当前城市社区建设的一些思考.上海改革[J].2000(09).

38　雷晓明.市民社会、社区发展与社会发展——兼评中国的社区理论研究.社会科学研究[J].2005(02).

39　刘少杰.新形势下中国城市社区建设的边缘化问题.甘肃社会科学[J].2009

(01).

40 杨敏.中国社会转型过程中社区意涵之探讨.武汉大学学报(哲学社会科学版)[J].2006(06).

41 田毅鹏、吕方.单位社会的终结及其社会风险.吉林大学社会科学学报[J].2009(06).

42 赵定东、雷天怡.棚户区改造中的社会资源配置逻辑与机制.社会科学战线[J].2009(09).

43 李友梅.国家在城市社区建设中地位和作用的变迁.改革开放三十年国际学术研讨会发摘要.社会学视野网,2009—08—09.

44 费孝通.居民自治:中国城市社区建设的新目标.江海学刊[J].2002(03).

45 [英]安东尼·吉登斯.第三条道路:社会民主主义的复兴[M].北京:北京大学出版社、生活·读书·新知三联书店,2000:83.

46 [美]桑德斯.社区论.徐震译.台北:黎明文化事业股份有限公司,1982.

47 宋林飞.西方社会学理论[M].南京:南京大学出版社,2000:352.

48 李伟梁.社区维权行动与社区工作的专业化.重庆社会科学[J].2005(03).

49 杨清涛:1998,"试析新时期人民内部矛盾的产生根源".河南大学学报(社会科学版)第6期。

50 隋玉倩.对中国城市社区自治组织——居民委员会定位的再认识.福建行政学院福建经济管理干部学院学报[J].2002(2).

51 束鹏.西方社会冲突理论:当前我国农民工与市民利益冲突研究的一个视角.江苏教育学院学报(社会科学版)[J].2005(05).

52 赵恒.冲突与融合:农民工与市民关系研究——基于西安市农民工和市民的社会调查.特区经济[J2007](08).

53 毛泽东.毛泽东著作选读(下册)[M].北京:人民出版社,1986:766.

54 雷国珍.再论毛泽东正确处理人民内部冲突理论与构建社会主义和谐社会.湖湘论坛[J].2008(01).

55 毛泽东.关于正确处理人民内部冲突的问题.北京:人民出版社,1957,第6页。

56 夏建中.城市新型社区居民自治组织的实证研究[J].学海,2005(3).

57 于显洋.社区概论.中国人民大学出版社[M].2006:220.

58 蔡宏进.社区原理.台北:三民书局股份有限公司[M].1985.

59 李庆霞.社会转型中的文化冲突.黑龙江:黑龙江人民出版社[M].2004:59.

60 李友梅.基层社区组织的实际生活方式——对上海康健社区实地调查的初步认识.社会学研究[J]2002(2).

61 王春兰.从凌峰欠费看物业纠纷.人民日报[N],2004—11—12(3).

62 杨波.从冲突到秩序:和谐社区建设中的业主委员会[M].北京:中国社会出版社,2006:

63 朱健刚.社区组织化参与中的公民性养成——以上海一个社区为个案.思想战线[J].2010(02).

64 李友梅.论街道办事处与居民委员会关系重构.中国社会报[N].2003—4—29.

65 杨敏.作为国家治理单元的社区——对城市社区建设运动过程中居民社区参与和社区认知的个案研究.社会学研究[J].2007(04)

66 卜长莉.当前中国城市社区矛盾冲突问题呈现的新特点[J].河北学刊,2003(02).

67 闫臻.从社区的利益冲突看社区治理中的制度缺失问题.兰州学刊.2009(8).

68 吕传振.从单位制到社区制——国家与社会治理空间的转换[J].北京科技大学学报(社会科学版),2007(9).

69 ChrisWebster J. 2001,"Gate Cities of Tomorrow",TowPlanningReview,Vol. 72,No. 2,p. 149.

70 杨晓民、周翼虎.中国单位制度[M].北京:中国经济出版社,1999:212.

71 刘安.社区业主委员会的发展与城市社区自治[J].社会学研究,2006(1).

72 夏建中.城市新型社区居民自治组织的实证研究[J].学海,2005(3).

73 邓利杰.堡垒中国:业主小区中的空间与治理.何增科等编.城乡公民参与和政治合法性[M].北京:中央编译出版社,2007:287.

74 焦点北京:谈房论市——朗琴园论坛[EB/OL]. http://house. focus. cn/msgview/309/106732093. 1.

75 浪琴园业主在业主论坛中的发帖[EB/OL]. http://house. focus. cn/msgview/309/123109768. html.

76 阿计.一个社区的民主"样本"[J].公民导刊,2005 年 11 期.

77 张磊.业主维权运动:产生原因及动员机制——对北京市几个小区个案的考查[J].社会学研究,2005(6).

78 唐娟.城市社区结构变迁中的冲突与治理.唐娟主编.城市社区业主委员会发展研究[M].重庆:重庆出版社,2005:60.

79 夏建中.中国公民社会的先声——以业主委员会为例.文史哲[J].2003(3).

80 任晨光.建立分权制衡的业主自治体制是保障业主权利的根本.中国选举与治理网[EB/OL]. http://www. chinaelections. org/NewsIn2fo. asp.

81 沈关宝.发展现代社区的理性选择.探索与争鸣,2000 年第 3 期.

82 陈健民,丘海雄社团、社会资本与政经发展.社会学研究,1999 年第 4 期.

83　徐中振.社区发展与现代文明.上海远东出版社,1996.

84　卢汉龙.单位与社区:中国城市社会生活的组织重建.社会科学,1999 年第 2 期

85　[美]道格拉斯・C.诺斯.制度、制度变迁与经济绩效.上海:上海三联书店,1994

86　[美]科思等.财产权利与制度变迁.上海:上海人民出版社、上海三联书店,1996

87　[美]托克维尔.论美国的民主.上海:商务印书馆,1988

88　张静.国家与社会.杭州:浙江人民出版社,1998

89　康晓光.权力的转移——转型中中国权力格局的变迁.杭州:浙江人民出版社,1999

90　唐兴霖.制度资源……制度短缺、制度创新,学术研究,1996 年第 1 期

91　童世骏.文明社区的时代特征,社会,1997 年第 9 期

92　[美]亨亭顿.变革社会秩序中的政治稳定

93　王振海等.新视角下的政治——关于政治发展的专题研究,北京:中国社会科学出版社,1995 年 4 月

94　唐兴霖.中国农村政治民主发展的情景及困难:制度角度的分析、政治学研究,1996 年第 1 期

95　朱键刚等.城市基层政治权力结构的变迁.探索与争鸣,1998 年第 3 期

96　王刚等.社区参与:社会进步和政治发展的新驱动力和生长点.浙江学刊,1998 年第 3 期

97　桑玉成.从五里桥经验看城市社区管理的体制建设.政治学研究,1999 年第 3 期

98　王子奇.都市社区发展及其变量.世纪评论,1998 年第 3 期

99　王振海.社会与国家的现实选择.政治学研究,1996 年第 3 期

100　徐勇.中国农村村民自治.华中师范大学出版社,1998

101　林尚立.民主与专政:当代中国政治形态研究,1999,22。

102　祝华军.小城镇规划及基础设施投资问题研究[D].中国农业大学,2000

103　苏南三市城市文明社区建设研究[D].苏州大学,2001.

104　曲寿巍.城市社区建设与管理模式研究[D].大连理工大学,2001.

105　张志国.城市被拆迁居民利益博弈的集体行动研究[D].华中师范大学,2008

106　刘善敏.妇联组织与女性维权[D].华中师范大学,2009

107　邹光剑.困境与出路:私营企业合作劳资关系研究[D].华中师范大学,2009

108　李涛.当代中国社会贫富差距问题研究[D].华中师范大学,2007

109　何劭强.从社会公平视角看中国农村教育[D].华中师范大学,2008

110　王茂勇.论当代中国高等教育的公平与效率[D].华中师范大学,2008

111 戴妍.单位型社区转型下的社区资源共享研究[D].华中师范大学,2008

112 钟咏.转型期城市贫困问题研究[D].华中师范大学,2006

113 杨植强.新形势下的农村养老模式初探[D].华中师范大学,2006

114 曹启庭.乡村社区组织重组研究[D].华中师范大学,2006

115 沈笑嫣.论信访制度的内在困境[J].长春理工大学学报(社会科学版),2007,(04).

116 蔡鹏举.正确把握新闻舆论实现城市和谐拆迁——从重庆"钉子户"事件看新闻舆论导向对城市拆迁的影响[J].中华建设,2007,(07).

117 冯巨章.西方集体行动理论的演化与进展[J].财经问题研究,2006,(08).

118 孙立平.利益时代的冲突与和谐[J].理论参考,2005,(03).

119 黄信敬.城市房屋拆迁中的利益关系及利益博弈[J].广东行政学院学报,2005,(02).

120 张必胜.《物权法》后城市房屋的拆迁及补偿[J].中国房地产,2007,(08).

121 裴亚洲.关于我国拆迁立法的几点思考[J].河北大学成人教育学院学报,2005,(03).

122 王国勤."集体行动"研究中的概念谱系[J].华中师范大学学报(人文社会科学版),2007,(05).

123 户邑、刘贵文、彭小兵.城市拆迁管理的博弈分析[J].重庆建筑大学学报,2005,(05).

124 曹昌.湖南农业大学拆迁纠纷调查[J].中国经济周刊,2006,(44).

125 陈伟、刘永兴.拆迁中的博弈——对C村拆迁的考察[J].吉林商业高等专科学校学报,2006,(04).

126 刘能.怨恨解释、动员结构和理性选择——有关中国都市地区集体行动发生可能性的分析[J].开放时代,2004,(04).

127 曾鹏、罗观翠.集体行动何以可能?——关于集体行动动力机制的文献综述[J].开放时代,2006,(01).

128 王慧博.集体行动理论述评[J].理论界,2006,(04).

129 李怀.城市拆迁的利益冲突:一个社会学解析[J].西北民族研究,2005,(03).

130 应星.草根动员与农民群体利益的表达机制——四个个案的比较研究[J].社会学研究,2007,(02).

131 郑杭生.当前我国社会矛盾的新特点及其正确处理[J].中国特色社会主义研究,2006,(04).

132 夏学銮.且说社会转型期的"闹大心理"[J].检察风云,2007,(05).

133 方耀楣、王兵团.城市拆迁上访的社会学思考[J].中共福建省委党校学报,

2006,(09).

134　王雪.网络舆论、集体行为与社会控制[J].探求,2007,(01).

135　谷照亮.我国贫富差距问题研究[D].西南大学,2008.

136　高佳.当前我国贫富差距问题探析[D].江苏大学,2007.

137　曲卫红.对当前中国贫富差距问题的理性思考[D].西南大学,2006.

138　陶洁.对我国贫富差距问题的分析及对策研究[D].昆明理工大学,2006.

139　李卿.我国贫富差距问题及对策研究[D].河北大学,2006.

140　赵红霞.构建和谐社会背景下的贫富差距问题研究[D].兰州大学,2007.

141　王飞.对转型时期中国的贫富差距问题的思考[D].贵州师范大学,2008.

142　丛晓利.我国城乡贫富差距过大问题及解决对策[D].东北师范大学,2007.

143　丰硕.论中国政府治理贫富差距的政策选择[D].吉林大学,2007.

144　张君.改革开放以来我国的贫富差距问题研究[D].西北大学,2009.

145　查特吉.关注底层[J].读书,2001,(08).

146　郭于华."弱者的武器"与"隐藏的文本"——研究农民反抗的底层视角[J].
读书,2002,(07).

147　贺雪峰.私人生活与乡村治理研究[J].读书,2006,(11).

148　吴毅.双重边缘化:村干部角色与行为的类型学分析[J].管理世界,2002,
(11).

149　贺雪峰.农村家庭代际关系的变动及其影响[J].江海学刊,2008,(04).

150　吴毅、李德瑞.二十年农村政治研究的演进与转向——兼论一段公共学术
运动的兴起与终结[J].开放时代,2007,(02).

151　申端锋.中国农村出现伦理性危机[J].中国老区建设,2007,(07).

152　吕德文、陈锋.在"钉子户"与"特困户"之间——重新理解税费改革[J].中
国农业大学学报(社会科学版),2008,(01).

153　许慧文、刘昶.统治的节目单和权威的混合本质[J].开放时代,2008,(02).

154　贺雪峰.税费改革的政治逻辑与治理逻辑[J].中国农业大学学报(社会科
学版),2008,(01).

155　贺雪峰.村庄精英与社区记忆:理解村庄性质的二维框架[J].社会科学辑
刊,2000,(04).

156　贺雪峰.缺乏分层与缺失记忆型村庄的权力结构——关于村庄性质的一项
内部考察[J].社会学研究,2001,(02).

157　杨善华、苏红.从"代理型政权经营者"到"谋利型政权经营者"——向市场
经济转型背景下的乡镇政权[J].社会学研究,2002,(01).

158　于建嵘.当前农民维权活动的一个解释框架[J].社会学研究,2004,(02).

159　李芝兰、吴理财."倒逼"还是"反倒逼"——农村税费改革前后中央与地方

之间的互动[J]. 社会学研究,2005,(04).

160 李国庆. 关于中国村落共同体的论战——以"戒能—平野论战"为核心[J]. 社会学研究,2005,(06).

161 周飞舟. 从汲取型政权到"悬浮型"政权——税费改革对国家与农民关系之影响[J]. 社会学研究,2006,(03).

162 应星. 草根动员与农民群体利益的表达机制——四个个案的比较研究[J]. 社会学研究,2007,(02).

163 吴毅."权力—利益的结构之网"与农民群体性利益的表达困境——对一起石场纠纷案例的分析[J]. 社会学研究,2007,(05).

164 王铭铭. 小地方与大社会——中国社会的社区观察[J]. 社会学研究,1997,(01).

165 邴正、钟贤巍. 当代社会发展趋势与中国社会的结构转型[J]. 北方论丛,2004,(05).

166 关丽、费艳颖. 我国转型期的社会弱势群体及其保护[J]. 长春工业大学学报(社会科学版),2006,(01).

167 俞荣根、张立平. 社会弱势群体权利缺位的法律救济[J]. 重庆行政,2006,(03).

168 钱大军、王哲. 法学意义上的社会弱势群体概念[J]. 当代法学,2004,(03).

169 张红峰、徐芳. 试论我国转型期弱势群体的利益表达[J]. 甘肃行政学院学报,2006,(04).

170 徐玮. 论科塞功能冲突论及其安全阀理论在我国的应用[J]. 广西青年干部学院学报,2007,(04).

171 陈成文. 社会学视野中的社会弱者[J]. 湖南师范大学社会科学学报,1999,(02).

172 徐安琪. 单亲弱势群体的社会援助[J]. 江苏社会科学,2003,(03).

173 任剑涛. 从冲突理论视角看和谐社会建构[J]. 江苏社会科学,2006,(01).

174 钱再见. 中国社会弱势群体及其社会支持政策[J]. 江海学刊,2002,(03).

175 邴正. 当代中国社会发展趋势、问题及理论对策[J]. 吉林大学社会科学学报,1993,(04).

176 崔凤、张海东. 社会分化过程中的弱势群体及其政策选择[J]. 吉林大学社会科学学报,2003,(03).

177 田毅鹏."典型单位制"的起源和形成[J]. 吉林大学社会科学学报,2007,(04).

178 李琼. 转型期群体性事件研究述评[J]. 江南社会学院学报,2008,(04).

179 吴鹏森. 论弱势群体的"社会报复"[J]. 江苏行政学院学报,2003,(01).

180 马用浩. 弱势群体与改革——关于社会转型期弱势群体问题的深层次思考[J]. 理论与改革, 2002(06).

181 孙迪亮. 社会转型期城市弱势群体的特征、成因及扶助[J]. 理论研究, 2003,(01).

182 丁慧、王林. 弱势群体界定及其保护的法理分析[J]. 辽宁师范大学学报, 2004,(06).

183 邹树彬、唐娟、黄卫平. 2003年人大代表竞选的群体效应:北京与深圳比较[J]. 马克思主义与现实, 2004(02).

184 骆群. "弱势群体"再界定[J]. 南京社会科学, 2007(03).

185 克莱尔. 消除贫困与社会整合:英国的立场[J]. 国际社会科学杂志, 第17卷(04).

186 林尚立. 基层群众自治:中国民主政治建设的实践[J], 政治学研究, 1999年第4期

187 顾俊、林尚立. 社区调解与社会稳[M]. 上海:上海大学出版社. 2000:229.

图书在版编目(CIP)数据

社区冲突:理论研究与案例分析/杨淑琴著.—上海:上海三联书店,2014.12(2025.2 重印)
ISBN 978－7－5426－4949－2

Ⅰ.①社… Ⅱ.①杨… Ⅲ.①社区管理－研究 Ⅳ.①C916

中国版本图书馆 CIP 数据核字(2014)第 215636 号

社区冲突:理论研究与案例分析

著　　者／杨淑琴

责任编辑／冯　征
装帧设计／鲁继德
监　　制／姚　军
责任校对／张大伟

出版发行／上海三联书店
　　　　　(200041)中国上海市静安区威海路 755 号 30 楼
邮　　箱／sdxsanlian@sina.com
联系电话／编辑部：021－22895517
　　　　　发行部：021－22895559
印　　刷／上海盛通时代印刷有限公司

版　　次／2014 年 12 月第 1 版
印　　次／2025 年 2 月第 6 次印刷
开　　本／890mm×1240mm　1/32
字　　数／200 千字
印　　张／6.125
书　　号／ISBN 978－7－5426－4949－2/C・524
定　　价／32.00 元

敬启读者,如发现本书有印装质量问题,请与印刷厂联系 021－37910000